ROSITA Y LAS AGUJAS DEL TIEMPO

Rosita y Las Agujas Del Tiempo

ROSA PONCE DE LYON

Círculo Rojo
EDITORIAL

Primera edición: marzo 2024

Depósito legal: AL 353-2024

ISBN: 978-84-1061-731-5

Impresión y encuadernación: Editorial Círculo Rojo

© Del texto: ROSA PONCE DE LYON
© Maquetación y diseño: Equipo de Editorial Círculo Rojo

Editorial Círculo Rojo
www.editorialcirculorojo.com
info@editorialcirculorojo.com

Impreso en España — Printed in Spain

El papel utilizado para imprimir este libro es 100% libre de cloro y por tanto, **ecológico**.

Este libro va dedicado
en la mayor parte de su contenido
a la memoria de mis abuelos.
Echo de menos sus cómplices miradas
en el concepto de cualquier circunstancia,
aquellos arrumacos y carantoñas porque sí,
los besos espontáneos sin más.
Añoro escuchar sus voces y
el aroma que desprendían sus pieles
cuando me acurrucaban para decime:
«¡Ay, cuánto te quiero, rosita!».
Y de seguido apretaban nuestros cuerpos
con sus abrazos
para sellar el amor incondicional e infinito
de unos abuelos hacia su nieta
en las agujas del tiempo pasajero.

Aquella niña, hoy convertida en mujer,
nunca imaginó que la vida
no se los guardaría en la eternidad.

También nosotros pereceremos algún día,
y hasta que suceda dicha verdad,
los recordaré como lo que fueron,
los mejores abuelos
para una niña, yo,
que fue feliz, al regocijo de ellos.

Rosita es una niña polifacética y pavorosamente soñadora que fue creciendo cerca de las faldas de sus peculiares abuelos en la España rural de antes. Pasaba con ellos gran parte de su tiempo. Sobre todo en verano. Todos estos estíos vivió infinidad de aventuras, desde que terminaba hasta que volvía a empezar la temporada de escuela. El amor que la arrastraba hacia ellos y las trastadas incorregibles de la niñez, hacen del paso del tiempo, el recuerdo y el aprendizaje en un reloj que avanza sin pausa y sin freno, guardando, tras sus agujas, toda la imaginación y las travesuras que ella misma, en este libro, nos cuenta.

María es la protagonista de los cuentos que le relataba su abuelo, y ella, Rosita, la otra narradora que nos muestra cómo sucedieron en primera persona los acontecimientos, en las agujas del reloj, un verano de aquellos viejos tiempos.

Una pincelada del vocabulario que se utiliza, pertenece al recuerdo que cuelga, vetusto, en las manillas de un cronógrafo de biografía que sigue envejeciendo con ella. Aquel panocho de antaño colorea ilustraciones de amor y estampas de sentimiento en las páginas de la vida de una niña y la de sus abuelos.

Casi abandonado, ya en desuso, lo saca de su memoria para plasmarlo en el papel después de habérselo escuchado a sus antepasados. Característico y ocurrente, aquí es manifestado sin estudio previo. Simplemente tal y como es recordado.

PRÓLOGO

El poeta austriaco Rainer Maria Rilke afirmó que «la verdadera patria del hombre es la infancia».

Durante esa etapa de la vida se forma nuestra noción de hogar, nuestros recuerdos, los sueños que nunca nos abandonan del todo, nuestra nostalgia. Durante la infancia percibimos el mundo con una densidad que, más tarde, solo los poetas consiguen recuperar. Pasamos nuestra existencia adulta en una suerte de exilio, cada vez más lejos de casa, recordando, a modo de fogonazos, los sabores, los olores, los ruidos, el tacto, la luz de nuestra niñez.

Y allí residen, a menudo, los abuelos. Su presencia en esos días suele enriquecernos de modo sobresaliente. Porque el cariño de los abuelos es diferente. Y la simbiosis que se crea con los nietos, única.

En este libro, Rosa, la autora, recrea esa relación mágica e insustituible con sus abuelos.

Y lo hace a modo de diálogo con su abuelo, principalmente. Este le cuenta la historia de una mujer, María.

Lo hace con un lenguaje cercano y coloquial, usando arcaísmos y expresiones típicas del dialecto panocho. Rosa se mimetiza tanto con su abuelo que sigue empleando esos términos, aún hoy.

Los episodios del libro son fruto de la transmisión oral, que precede a la escrita, y que sustenta, desde el principio de los tiempos, el conocimiento de nuestro pasado.

Respecto al contenido, me ha llamado mucho la atención el efecto que causa la sociedad estructurada de modo cerrado y hermético, y cómo es prácticamente imposible romper los esquemas y pasar al otro lado del espejo. Los prejuicios y los dogmas lo hacen imposible. Solo el amor podría romper esos muros.

A pesar de todo, en nuestra historia en particular, triunfa el largo plazo. Y consigue conducirnos a un final sorprendente donde los personajes quedan ubicados en el sitio correspondiente. Lo que sucede conviene.

Rosa es una escritora joven. Tiene en su haber la esencia de la literatura. El amor a las letras y la sensibilidad está presente en su poesía. Ahora se aventura con la prosa, rescatando del olvido las figuras de sus abuelos y la ternura con la que le aderezan la infancia con historias y enseñanzas de su propia experiencia.

Estoy convencida de que aquellos abuelos del libro tienen mucho que ver en su afán de escribir. Le auguro y le deseo muchos éxitos.

Purificación Gazquez Rodríguez.

Fotografía de Rosita

*E*sta niña de carita inocente que posa en la fotografía con la mirada fruncida y la apariencia de no haber matado nunca una mosca, es Rosita.

Algunos años después, más hecha a los gajes errabundos de la vida y con algo menos de ingenuidad, en este libro de aquellos que son sus recuerdos de antaño, bailan de la mano una pizca de verdad y la picaresca tonificante, que se aferran a su mente entre sutiles y divertidas mentirijillas. Con una gran carga de imaginación y una fuerte dosis de fantasía, nos refiere los cuentos que hacen de una historia otra, enredándose en la cándida y afanosa vida familiar de antes, que nunca se olvida, porque, cuando eres feliz, sueñas, y cuando sueñas, llenas tus días de vida.

Porque soy de hoy, el pasado que fui,
y seré del mañana, de lo que soy de ahora.
No tengo más que verme para saber,
que soy de mí, mi propia historia.

$\mathcal{B}$usco, al escribir, una rima bonita, un sentimiento profundo, o cualquier otra cosa que me haga sentir bien. Tal vez solo busco hurgar dentro de mí para encontrarme, y que otros se encuentren a sí mismos al leer lo que mi imaginación maquina. Pretendo que alguien oiga el sonido de mis letras, como un eco expandiéndose en las colinas, y que despierten los gusanitos del placer de la lectura en su barriga al leer fábulas, aventuras y travesuras en el elixir de la vida misma.

Lee, si te apetece hacerlo,
para compartir nuestros sueños,
recordando las historias que hicieron de nuestra niñez, nuestras inolvidables vivencias.
Todos tenemos un pasado.
Todos hemos creado nuestra propia historia.
Todos somos escritores y protagonistas
de la vida que nos pertenece.

«Pon una historia en tu vida
y escribe la palabra felicidad en tu mente».

ÍNDICE

Texto primero.

---

*U*na cálida tarde, a principios de un verano de los años setenta y algo, suena el rebote de lo siempre amado, con bastante lejanía en el reloj del tiempo que palpita, ahora, en mi cabeza, balanceándose como una péndola en rodamiento. Recuerdo cómo, en el tímpano de mis oídos, sonaba el matiz de la voz prominente de mi abuelo, alzando mi nombre al aire, para que acudiera a su encuentro. Oigo aquel entrañable eco en mí, como a los latidos que bombean de sangre las venas que llegan a mi corazón. Lo percibo como si fuera ahora mismo que estuviera sucediendo. Su voz, sus manos, sus ojos, su ceño, su eco, su aliento, permanecerán por siempre anclados en mi recuerdo.

—Rosita, ven acá *pa ca* —me reclamaba mi querido abuelo, tragando el humo de un celtas entre sus labios hacia dentro.

—Voy abuelo —le contesté dejando el juego que bajo el sombrajo del olivar ocupaba mi tiempo, entre muñecos y *jarapos*, tierra y vientos de aquellos campos abiertos. Llegando apresurada frente a él, me dijo:

—¿Quieres que te cuente un cuento?

—Si a usted le apetece, pues sí —le contesté dispuesta, encogiendo los hombros hacia arriba y asintiendo al mismo tiempo, inclinando la barbilla hacia abajo repetidas veces.

Sentado en el poyete de madera de un árbol viejo, se adecuó arrastrando suavemente las caderas de un extremo a otro, hasta quedar acomodado. Creo recordar que el poyete era de tronco de eucalipto y que él mismo lo había elaborado con sus multifuncionales manos a golpe de martillo y cincel, con unas líneas circulares muy bonitas a su alrededor. Trenzaba una larga soga de esparto que caía de entre sus dedos, enredándose a sus pies como una larguísima serpiente dormida. Mientras empezaba a contarme su cuento, yo me acomodé a su parte izquierda, junto al lomo del perro Canelo, que estaba tumbado en el suelo echándose un sueño al lado de la *sera* con trebejos y pegado a las botas amarillentas de piel vuelta que mi abuelo llevaba puestas.

Crucé mis larguiruchas piernas y puse atención a su comienzo. El perro agachó las orejas, le di un par de pasadas en el cogote y prosiguió durmiendo.

—Atiende bien a lo que te digo, bonica —me dijo mi abuelo parando sus laboriosas manos durante un instante de los verdes hilajos de esparto, y mirándome fijamente, añadió:

Debes dar gracias todos los días por lo que tienes ante ti,
ser agradecida y saber esperar.
La impaciencia es un saco manirroto.
La prudencia y la constancia
son las cosquillas de la felicidad.

Entonces inició el cuento diciendo:

MARÍA, LA NIÑA DE FLORA Y FRANCISQUILLO

Hace muchos años, en la alquería de los Morenos, vivía un matrimonio que fue bendecido con el deseo de ser padres. Lo intentaron hasta la saciedad, llamaron a la cigüeña tropecientas veces, y cuando creyeron darlo todo por perdido, les llegó la buena nueva colmándolos de entusiasmo, dicha y gratitud. Antes de un abrir y cerrar de ojos, nació la criatura que con tantas ansias se había gestado durante treinta y seis semanas exactas en el suertero vientre de la Flora. La semilla que con tanto amor Francisquillo había depositado pidiendo a los cielos que germinara, brotó abriéndose al mundo en una preciosa flor, rosada y delicada como el terciopelo.

Francisco y Flora se conocían desde bien chiquiticos, crecieron juntos entre penurias, rodeados de boñigas de cabra montisca y poca escuela. No conocieron más amor que el suyo, se casaron siendo muy jovencicos, y lo único que les faltaba, apartando las carencias de la vida que les había tocado vivir, era tener un hijo, ya fuera niño o niña, lo que Dios quisiera que fuera. Ese era el deseo que anhelaban con locura y, afortunadamente, les fue concedido.

Cuando vinieron a darse cuenta, los meses de gestación habían pasado y entonces llegó ella. Nació una niña canija¡ en el seno de una familia que era pobre, siempre lo fueron. María le pusieron sus padres Flora y Francisquillo, apodado el Moreno.

Por defecto, Flora adoptó el apodo de la Morena, es evidente el porqué. Pues eran marido y mujer. Y ahora, padres de una preciosa niña, blanquita de piel, que los tenía tontos *perdíos* desde su llegada al modesto hogar que los amparaba.

A la niña María la trajo al mundo su madre a fuerza de *quejíos* y fuertes dolores con la ayuda de Cándida, la Partera, que era hija de la tía Josefina, la Beata.

La partera no se dedicaba a otra cosa, nada más que a ayudar a traer al mundo a las crías de las parturientas. También atendía a los alumbramientos de potros, becerras y terneros. Otras veces, intervenía para que las gorrinas parieran a sus lechones. A la tía Josefina se le pedía el favor a cuenta de unas cuantas perras chicas para que le llevara las súplicas a Dios para que los partos no se complicaran.

Cuando María nació era blanca como la nata y sus mejillas rosadas parecían un par de fresas del huerto de la prima Paca. Salió del vientre de su madre a toda prisa y su garganta lloraba con la fuerza de los truenos de las tormentas. Antes de cumplir un año ya corría más ligera que una gacela y comenzó a hablar más pronto que tarde, como lo hace un loro guacamayo en el hombro de un pirata con la lengua más larga que la suela de un zapato. Ansina era ese cuerpo tan pequeño, parecía que se había *comío* a una vieja de lo ardilosa y espabilá que era. Le salieron los primeros dientes antes de los cuatro meses, y a los siete años ya había *mudao* todos los de leche. Creció con las hechuras «más flacas que el galgo del tío Andrés», que para que te hagas una idea, Rosita, si lo miras de frente ni lo ves de lo fino que es.

Jugando a ser una mujer mayor fue creciendo, aviaba la casa como lo hacía una mujercita, fregoteaba las perolas y las baldosas del suelo con estropajo de *lufa*, a la par de su madre, ¡que le cundía! Bajaba todos los viernes desde la loma en lo alto de la sierra al *mercao*, que se celebraba en la rambla de las higuericas, semanalmente, y sin falta, ya llovieran rayos y centellas del cielo, o a plomo el sol de justicia que cayera, como chuzos de punta al suelo, que pisaban sus pies agotados de *andurrear* por las burdas trochas de las condenadas sierras. Y bien que madrugaba para que no se le hiciera tarde, dos horas largas andando para abajo, y después otras dos horas y pico más para arriba, con todo lo que había *mercao* o *canjeao* al trueque a cuestas, en la capaza *echá* a la espalda. Cuando llegaba a su casa, ni que decir tiene que llegaba molida, le dolían las piernas, la espalda y la barriga porque la *trujía* vacía, y hasta *bufetas* en los talones de la caminata le salían. Para tales males el remedio era sencillo, remojones con una miaja de agua con sal o vinagre de manzana, y lista para volver a enfilar.

Cuando cumplió ocho años, el tío Francisquillo y la Flora la llamaron muy contentos para comer todos juntos. Asomó compuesta, con la carilla *lavá* y dos coletas torcidas recién *peinás* a la altura de las orejas. Se puso una falda de tablas escocesas y una blusa *anudá* a la cintura, dos tallas más grandes de lo que le pertenecían. Envolvió su cuello con el único pañuelo que tenía, hizo una lazada y la dejo caer al centro de su barbilla. Parecía una señorita elegante preparada para ir a misa. También traía con ella puesta una sonrisa más grande que la boca de una rana, y se sentó en la humilde mesa con sus padres, tarareando una cancioncica de letrica alegre, que se cantaba cuando había diversión y jarana.

Al sentarse hacía sonar golpecicos en el suelo con sus zapatos limpios como la patena, haciendo al tiempo rimillas al canturrear, golpeando en la madera de la mesa con sus nudillos menudos. ¡Tenía un azogue qué *pa* qué!

Era un día especial para María. Como todos los años por esta fecha tan *señalá*, sopa de ajo con huevo *picaíco* y bacalao salado, una miaja de pan de higo y en el centro de la mesa una ramita fresca de laurel recién cortá. Todo ello sobre un hule deshilachado y manido que María guardaba con cariño, porque le encantaban las mariposas pintadas de colorines que lo adornaban. Las mariposas simulaban estar volando sobre un paisaje aceitunado en el estampado.

Pero este año, para variar, recibió una grata sorpresa. Sus padres le regalaron por su cumpleaños, una muñeca de trapo nueva que le habían comprado a la Isabelica, la de la tienda. Este era su primer agasajo, el primero que recibía, liado en papel de regalo, en los ocho años que tenía de vida. María, al verla, se quedó de piedra, los ojos le brillaban tanto que parecían dos perlas. La muñeca era requetebonica y olía tan bien, que ni se atrevía a tocarla por si se rompía. Tenía el pelo largo y rubio como el sol, y los tirabuzones parecían las hojas de un girasol. La cara de la muñeca era redonda y, encima de los mofletes, se abrían dos grandes ojos azules del color de la niebla. Llevaba puesto un vestido de flores blancas y un babero de encaje, adornado con un lazo azul.

Los zapaticos brillaban como el charol y hasta calcetines tenía puestos, con puntillas y *tó*. Esa era la primera muñeca que María tenía y, al cogerla entre sus brazos, sintió sus primeras cosquillas en la barriga. Se le derramaron dos lágrimas de los ojos, que parecían almendras de lo grandes que eran. Las primeras lágrimas de alegría de María. De una brazada, se abalanzó a sus padres dándoles las gracias a llorera viva. María era pobre, pero lo tenía todo en la vida, unos padres trabajadores y honrados, un hogar repleto de salud y, ahora, con su primera muñeca, descubrió el significado de la palabra alegría.

Mirando entusiasmada a la muñeca de trapo, María se juró a sí misma que la cuidaría toda su vida.

***

TEXTO SEGUNDO.

Cuando mi abuelo terminó de contarme el cuento, me quedé absorta en un terrible pensamiento. Me avasallaron las preguntas después de haberlo escuchado atentamente y no pude evitar pedirle algunas respuestas.

Quería saber más de la pequeña María.

—Mañana te cuento otro cuento, Rosita. Ahora toca cambiar de tarea —me dijo.

Se levantó del *posete* y estiró sus cansadas piernas. Al ponerse en pie, le crujieron las rodillas, recogió la trenza de esparto, desliando las gorlitas, e hizo con ella un ovillo con forma de infinito.

Pese a mi terca insistencia, no pude salirme con la mía, tuve que resignarme a la decisión de mi abuelo y esperar al día siguiente para continuar con la interesante historia de María.

Anocheció y cené ligeramente después de haberme puesto el pijama. Metí en mi estómago un huevo pasado por agua con gran cantidad de sal y un poco de leche cuajada. Froté mis dientes con bicarbonato y los cepillé con una escobilla dental. Los mostré al espejo después de haberlos lavado. ¿Serían mis dientes como los dientes de María?, me pregunté inspeccionándomelos tal como lo haría un tesonero detective interesado en encontrar una pista casual que diera la connotación idónea al caso que llevara entre manos.

Esa noche me acosté con un par de muñecas y las peiné antes de irme a la cama. Apagué la luz y me quedé dormida con esa sensación de felicidad que había despertado en mí la alegría de la pequeña María.

A la mañana siguiente, desperté más fresca que una lechuga en la amanecida. «Tengo cinco años», me dije. «Y tengo toda la suerte del mundo por tener dos muñecas y una familia». Me atildé minuciosamente, cuidando al máximo todos los detalles y las compuse también a ellas. Quedaron sobre la cama cubiertas de pulseras y collares. Hasta les pinté las uñas y los ojos con rotuladores, que más que dos muñecas, parecían las reinas de Saba, tumbadas sobre mi cama.

Desayuné un vaso de leche con galletas tostadas y pensé nuevamente en María.

Poco antes de las ocho de la mañana, ya estaba yo otra vez en casa de mi abuelo. Atravesé la faja de los bancales saltando los caballones como una liebre y, al abrir la puerta, me topé con las nalgas de mi abuela. —¿Dónde va mi niña bonica? —me preguntó dándome un manojo de besos sonoros en lo alto de la cabeza.

—Quiero ver al abuelo, ayer me dijo que hoy continuaría contándome el cuento de María.

—¡Diantre niña esta! —exclamó mi dulce abuela soltándome para yo salir en busca de mi abuelo, a todo lo que me daban las flacuchas piernas que me sostenían.

Entré en la cocina y allí lo encontré, sentado, presidiendo como un marqués en la mesa. La cafetera estaba silbando y había un fuerte olor a café que se olía desde afuera. Mi abuelo sonrió al verme, y supo, sin que le dijera nada, lo que yo con ansias esperaba. —Buenos días nos dé Dios, Rosita. Has madrugado mucho esta mañana —me dijo.

—Buenos días —exclamé, y al mismo tiempo que rompía las sopas de pan con la cuchara, remojándolas en la taza colmada de leche, me guiñó un ojo.

—¿Me vas a contar otro cuento de María, abuelo? —le pregunté, impaciente.

Asintió con un sí, arqueando sus cejas bajo el sombrero, y añadió:

—Pero has de esperar un poco. Primero hay que ordeñar la cabra pintada que nos espera en el corral y, después, tenemos que *escampear* los chotos para que retocen un poco. De paso, tú vas a recoger los huevos de las gallinas para que no los piquen, las muy pillas. Daremos una vuelta al huerto y, entonces, habrá que preguntarle a tu abuela si precisa de alguna comanda, que ella es la jefa de la casa, y la que aquí manda y remanda.

—Anda, no seas fulero, *marío*, y llévate ya de aquí a tu nieta. Y cuéntale ese cuento que con tantas ganas espera —argumentó mi tierna abuela con una pícara sonrisa mientras soplaba el sorbo de café caliente recién salido de la cafetera.

Mi abuelo y yo salimos en dirección al corral, se sentó en su taburete al llegar, y se acomodó para sacar la leche de la tremenda ubre que colgaba de las partes bajas de la cabra. Yo le arrimé el caldero y, poco a poco, se fue llenando a fuerza de diestros y orquestados apretones. Humeantes chorros de leche caliente zurrían en el costado del caldero de aluminio. Seguidamente le acerqué el cesto para recoger los huevos. Las gallinas los habían puesto muy altos y no logré alcanzarlos todos. Mis piernas y mis brazos, estirados a todo lo largo, no alcanzaban los puestos en las alturas de los cornijales. Mi abuelo hincó las rodillas al suelo y yo puse mis pies junto a su cuello. Se alzó impulsándome de una hacia arriba, y así pude sustraer todos los huevos, menos el último de ellos en cuestión, que cayó a toda prisa, estrellándose en el suelo. Al ver que ya los tenía todos en la canastilla, menos el último en desgracia, miré abajo y me dio un titubeo en las piernas que por poco caigo yo detrás del huevo al suelo. Por fortuna, mi abuelo me agarró las rodillas y equilibró mi enclenque cuerpo, por suerte, también escapamos de las garras de mi abuela. Si nos hubiera visto haciendo malabares entre las gallinas, a saber dónde habrían acabado los huevos de aquel cesto, y la regañina tremenda que nos hubiera caído, a mí y a mi abuelo. Limpiamos el huevo estrellado, borrando todas las pistas que nos conducían al delito, aunque a nuestro favor, sin alevosía. Enterramos el huevo chafado donde el estiércol y dimos de comer a las gallinas espolvoreando el manchurrón con pienso. Comieron amasijo de alguna cosa con panizo, yo misma hice la mezcla con mis dedos entre las manos de mi abuelo. Y por fin sacamos a las cabras y sus chivos al bancal del vallico para que comieran y rumiaran tanto como quisieran o tuvieran gana. Mi abuelo se sentó en un ribazo ajustando su trasero al volado de la tierra, y yo a sus pies, un tanto más abajo, en un caballón, acoplé el mío hasta encontrar una postura adecuada. Me fijé en cómo sacó del bolsillo de su pantalón una navaja y un taco de madera y, mientras jipaba de reojo a las cabras, comenzó diciendo:

—Atiende, Rosita. El cuento de hoy comienza con una moraleja.

Si el orgullo te come por dentro, escúpelo,
respira hondo, borra todo lo malo
y empieza de nuevo.

EL ORGULLO DE MARÍA

Cuando María cumplió once años, Flora, su madre, murió de repente. Su funeral fue algo sencillo, apenas unos pocos vecinos, y como no había para pagar a las plañideras, el día del entierro no se oyó más llanto ni suspiro que el de María y el tío Francisquillo.

Pasaron dos meses y María tenía el rostro caído, la mirada *pansía*, y andaba muy alicaída. Parecía, enteramente un pajarico pelado caído del nido, ¡a puntico de rematarse!

Abajo, en el pueblo, se murmuraba que a la Flora se la había llevado el dolor miserere. Otros chismorreaban que, de faltas y hambre, y alguna que otra entrometida boca, mentaba que de suicidio y mezquina voluntad por la vida y hacer por vivir.

A María las habladurías le importaban bien poco, ni fu, ni fa. Tenía que sacar su casa *palante* y su padre había caído de tal manera que no se sabía si iba a remontar. El asma se lo comía por dentro y la rabia de haber *enterrao* a su Flora no lo dejaba respirar. María trabajaba de día y de noche, y se le veía en el semblante que ya no podía más. La huerta, rebelde, no era fructífera; la casa se le venía encima; su padre estaba falto de medicinas y otras atenciones; la escasez hizo que el bolsillo anduviera *tiesecico* de parné, y ni gallinas en el gallinero había *pa* poner un misero huevo, o matar *pa* puchero. Ni *ná* de *ná*. La miseria se hacía cada vez más palpable. Sentía la niña, con once años y medio, que la vida la había abandonado a una incrédula suerte que no se podía explicar, pero miraba a su padre y, por él, brotaban del cuerpo de María unas inmensas ganas de luchar y seguir peleando a la contra de su injusta y castigada vida.

Pensaba que, en algún momento, la suerte había de cambiar *pa* ella y, mirando al cielo, pedía el deseo de experimentar otra vez las cosquillas de la felicidad. Como cuando cumplió ocho años y, con sus brazos, estrechó a la muñeca que le despertó el sentimiento de la alegría. Aunque solo fuera por un ratico, *pa* aliviar.

Corrieron un par de años más. El padre de María había envejecido considerablemente en apariencia.

A María le gustaba hablar con él *pa* espabilar esa mirada perdida que, de tristeza, se quedaba ciega en el vacío de sus palabras.

—Papá —decía María—. ¿Te has dado cuenta del día tan espléndido que hace hoy?

Francisquillo la miraba con los ojos hundidos y llenos de fatiga.

—María, eres el vivo espejo de tu madre —le dijo. María puso las manos cubriendo ambos lados de la cara de su padre y le dio un beso en la frente.

María era muy joven, se dilataba delante de ella toda una vida por delante, pero, a su corta edad, estaba descubriendo distintas facetas que la hicieron florecer antes de tiempo. Al morir su madre, la atropelló la rabia y sanó con la resignación. El deterioro acelerado de Francisquillo la endureció, aprendiendo a controlar el dolor. Atender a los cuidados de su padre fue la experiencia más difícil de todas y la que más valoró, porque se sentía valiente y con la necesidad de dar y recibir amor. Aunque no le quedara aliento *pa* nada.

Estaba descansando y tomando un poco de sol, sentada en el *pollote* junto a su padre, cuando, a lo lejos, le pareció ver venir a alguien acercándose por la vereda entre los matorrales. María se quedó mirando fijamente y se puso la mano de visera en la frente. Entonces, le dijo a su padre:

—Parece que se acerca alguien, o es el cura, o un cuervo de talla gigante.

—No te ofusques, María, será don Andrés.

—¿Y *pa* qué va a venir el párroco aquí? Limosna *pal* cesto no hay *pa* dar, y *pa* sermones tampoco estamos, que no dan *ná* —acentuó María un tanto *descocá*.

—Buenos días nos dé Dios a *tos* —dijo el cura fatigoso al llegar.

—Así sea, don Andrés. Y a usted por aquí, ¿qué se le ofrece? Porque fe *quea* poca y de lo demás no *quea*, *ná* —dijo ella acercándole una cetra de agua.

El padre de María miró al cura y le hizo un gesto *pa* que no le llevara en cuenta el desaire a su hija.

—María, el cura viene a petición mía, yo le mandé razón con el Lucas cuando vino a mercarte la creciente del pan que *iñiste* la semana *pasá* —dijo Francisquillo—. Lo que no sé es si trae buenas o no tan buenas noticias.

—Don Francisco —prosiguió el cura, después de beberse la cetra de agua al trago—. No es mi visita *pa* pedir ni recoger, tampoco *pa* rezar —espetó apaciblemente mirando a la joven y molesta María. Y prosiguió, argumentando el motivo de su presencia inesperada a ambos—: Me pidió usted que hablara con Eusebio, el capataz del cortijo de los Valientes, *pa* pedir trabajo *pa* esta, su hija, ¿se acuerda? Porque está cerca de aquí, y porque don Fulgencio es sabido por *tos* que es buen patrón *pa* la gente trabajadora.

—Sí, así es —contestó el padre de María mirando a su niña.

—Pues bien, le confieso que no he tenido que hacerlo. Más que tener que pedir yo el favor, me pidieron recomendación a mí, dándose la casualidad. Le explico. Vino Carmela a la sacristía de la iglesia, la mujer de don Fulgencio, que precisaba recomendación. Me dijo que estaba buscando una doncella *pa* sus hijas, alguien de confianza, que no fuera vaga y, a ser posible, de buena presencia.

—Como comprenderá, don Francisco —continuó con su alegato—, callé y no mencioné su ruego, que no es mentir, ni mentira alguna, la que callé. Recomendé a María por su buen hacer, y porque la faena es buena *pa* ella. La señora de don Fulgencio se fue *pal* cortijo muy contenta y esperando respuesta. Ofrece comida y casa, y unas *perricas* que les vendrán bien, pues se *amochina* al personal *toas* las semanas sin falta, y no son miserables *pa* pagar. Los domingos no se trabaja y María puede estar con usted, o descansar como buenamente le plazca —terminó de plantear el cura ya recompuesto de su jadeante cansancio.

—¿Tú qué dices, María? —preguntó su padre.

María le acercó otra cetra de agua al cura y contestó: —¿*Pos* que voy a decir, apá? Que es una locura dejarlo aquí solo, ¡*pos* no ve que sin mí no se apaña, padre! —mosconeó María en voz alta y clara con mucho *dispólio* y, mostrando una mirada de fiera que asustaba a cualquiera.

El párroco se acercó a Francisquillo y le dijo, echándole el brazo a los hombros:

—Yo mismo subiré a verlo todos los días si hace falta, compadre, y si precisa de alguna cosa, haré todo lo que esté en mis manos por acercársela o mandar quien la traiga. Mirando a María, añadió—: Piénsatelo bien, María. Servirás en una de las mejores fincas de la comarca. Serás la doncella de las señoritas. Tendrás, *pa* servir, ropa nueva y alpargatas de tu talla. Te pagarán bien el jornal, sin demora y como Dios manda.

Don Andrés se despidió de Francisquillo y de María amablemente, haciendo caso omiso al repullo de María, al despedirse. Echó a andar, vereda abajo, y desapareció por entre los matojos, como la sombra de un fantasma desaparece en el ocaso.

—María, mírame —le pidió Francisquillo. María lo miró, y atendió, llorando, a las palabras de su padre—. No dejes que el orgullo te coma por dentro ni tomes malas decisiones. Piensa en lo mejor *pa* ti. Ya no eres una niña pequeña. Recapacita y piensa con la cabeza, lo que ven mis ojos, a mi pesar, son los de una mujer cansada. Si tú estás bien, yo estoy bien, y sabes de sobra que aquí, en esta triste sierra, *pa* ti no hay *na*. Yo ya estoy viejo, pero todavía me puedo mañear. Tu eres joven y esta, *pa tí*, es una buena oportunidad. Mira a tu alrededor, María, y no te engañes, ¿qué ves, hija mía, qué ves?

Los ojos lagrimosos se le empañaron de tristeza, como el vaho en el cristal.

María abrazó a su padre y le contestó:

—Veo lo único que me queda, apá, todo lo que tengo, todo lo que amo. A usted, padre, a usted, padre…

Y se fundieron en un emotivo abrazo.

***

Cuando mi abuelo terminó de contarme esta segunda parte de la historia de María, cerró su navaja y dejó de tallar. Miró su reloj y emitió:

—Es la hora de recoger las cabras, antes de que apriete más Lorenzo.

Así se llamaba el sol para nosotros. La luna, la bautizamos como Lunera, y a las estrellas les poníamos cualquier nombre que creyéramos apropiado para ellas. Cojita, Perla, Gominola, Cerecita, Chispita. Y así, un etcétera interminable.

Mi abuelo se levantó de un tirón, al mismo tiempo que se aquejó. Se sacudió el pantalón de pana y metió, de nuevo, la navaja en su bolsillo. Bien cerrada, asegurándose de que llevara el seguro puesto. Me dio la figura que había tallado mientras me contaba, con una entrega especial, aquel cuento que parecía conocer muy bien.

Había esculpido la figura de un santo.

—¿Quién es, abuelo? —le pregunté.

Pero mi abuelo no supo decirme. Simplemente respondió:

—Rosita, para mí que *tos* los santos son iguales.

Cuando entramos en la casa, mi abuela ya tenía la mesa dispuesta. Olía a olla gitana y había natillas caseras en la nevera. Puse a santo no sé qué encima de la repisa de madera, sobre la cocina de leña y, mi abuela, al verlo, se santiguó y lo bautizó, llamándolo san Nicolás, por ser el santo que protege a los niños. Le rezó un Ave María y marcó un beso en sus dedos, pasándolos por la coronilla del santo.

Mi abuelo y yo nos miramos y nos regalamos una preciosa sonrisa de complicidad, pues lo que decía mi abuela, sin replique de campanas, iba a misa y a callar. Así es que, después de comer, mandó mi abuela la orden de que había que dormir la siesta, y, sin rechistar, todo el mundo se puso a chapar la oreja. Mi abuelo se colocó en la *mejedora* a sus pies, *espatarragao*, el perro, en la esterilla de guita, y yo en el catre donde dormía mi abuela, que desprendía de entre las sábanas un rico olor a colonia de rosas frescas que tenía en un tarro, sobre la coqueta.

Cuando desperté de mi buena siesta y vi que mi abuelo no estaba donde antes se mecía (o mejía, como él decía), subí de dos en dos los escalones de las escaleras que daban a la recámara de la terraza. Yo sabía que estaba allí. Como otras muchas, de tantas veces. Pues me tenía bastante mal acostumbrada para deleite y ricura al paladar mío.

Cogía mi abuelo los higos de las frondosas higueras que tanto presumía tener. Higos pajareros, decía que decían ser. Y los ponía a secar al sol. Lejos de las avispas, que eran golosas y los mordían. Y fuera del alcance de los ratones, que lo roían todo por su dulzor. En aquella terraza que tenía en la recámara alta de la casa había provisiones para quedarse, por un tiempo, saciado como un choto de dos madres. Colgaban de una caña, a la parte de dentro, vejigas de longaniza y morcones de chorizo, obispos de butifarra y mantas de tocino fresco, recubierto de sal, atado de un cordel, y unas mantecas gordas y hermosas como botijos de agua de dos asas. A la parte de fuera, en la terraza, donde el solecico se recreaba a su gusto, picando con sus rayos en las paredes encaladas, colgaban de la pared, collares de ñoras y pimientos de padrón para que se tostaran al sol. Enganchados en púas, caían, como cascadas, engarzados cordones de cabezas de ajos del huerto que él mismo trenzó. Y en lo alto del zarzo que colgaba enganchado a las viguetas de madera, unas zarandas de higos, cubiertos con zafiro, que olían a puro azúcar, atrayendo a los insectos al manjar que no podían alcanzar. Un par de gallaos de nogal, enganchados en la baranda, lucían, tiesos, esperando a ser terminados. Mi abuelo tenía buena mano y, con tiempo y maña, los hacía por encargo.

Cogía, a garrotazos, las almendras, en agosto, de los árboles floridos en los meses de febrero y marzo. Y los subía en sacos de arpillera al altillo. Mientras pasaban los días y los higos se iban secando, se entretenía, un ratico por las tardes, en quitarles las borregas (que no es otra cosa, para mí, que desprender la cáscara de almendra de la corteza abierta que la cubría). Así lo aprendí. Las cortezas no se tiraban. Se guardaban para encender la estufa, el brasero o la lumbre, según hiciera falta. En casa de mis abuelos, todo se guardaba, todo tenía su función. Todo servía.

Cuando quedaban las almendras libres del pellejo, las partía, sentado en su *posete* de madera. Con un martillo le daba con tino a la almendra que sostenían sus dedos, índice y pulgar, sobre un mazacote de piedra. Y muchas ganas que le ponía. Que ganas, no le faltaban, para cascar y separar, la yema de la cáscara. A su chana, chana, le cundía. Alguna que otra vez vi cómo el martillo se paró en las yemas de algunos de sus dedos, fortuita y accidentalmente. Noté, sin saber si reír o callar, qué poca gracia le hacía, cuando, por lo bajini, a los santos nombraba, poniéndolos en fila.

Los gajos de almendra se guardaban, como oro, en las arcas de latón y madera, para hacer los deliciosos dulces de navidad. Tejas, pestiños, mantecados, almendras de turrón, alfajor, marquesinas. ¡Madre del amor hermoso!, ¡se me endulza la boca con solo pensarlo!

La cáscara se almacenaba, cumpliendo la misma función que las borregas. Ardían de maravilla, sobre todo para el horno de barro y paja, cuando se amasaba el pan en la artesa. Mi abuela echaba *mostrás* de ellas para subir la fuerza al suelo del horno. Así, el pan bufaba, sin quedar *asustao*, y, de culo, no se quedaba flojo o *pasmao*. Y era entonces cuando, mi abuelo, entre tanto, iba separando la cáscara abierta de las almendras. Abría los higos, salvados de las avispas y los roedores, les introducía una almendra por higo y me los daba a probar. ¡Qué mal acostumbrada me tenía! Pues todos los que me ofrecía me comía. Me gustaban a reventar. Reconozco que era su niña mimada.

Aún recuerdo ese sabor de antaño, venido de las manos rudas y los dedos toscos de mi abuelo. Cierro los ojos, aún lo veo, mirándome, mientras me daba uno de los mejores manjares que probé junto a las rodillas de mi abuelo.

Higos con almendras,
la mirada inocente de una niña
y la satisfacción de una sonrisa regalada
en la cara de mi abuelo.

Ni que decir tiene que, aquella tarde, merendé la mar de bien y dejé mi barriga muy agestada. Entre higos y almendras, mi abuelo continuó saciando mi curiosidad con la tercera parte de la historia de María.

—Atiende, Rosita —me dijo—. Esta tarde te voy a contar cómo María empezó a ganar su primer jornal.

Y comenzó:

Si eres aplicá y prudente,
tendrás de mayor abundante trabajo
y buena suerte.

EL PRIMER TRABAJO DE MARÍA

María empezó sirviendo a los señoritos del cortijo de los Valientes.

Pudientes, atesoraban buenas tierras, mucho ganado, gallos, pollos capones y gallinas que campaban a sus anchas, cochinos para la matanza, un par de parejas de mulas y asnos, algunos caballos de tiro y cuatro pares y una cría de labranza, yeguas para cría y una remesa de potrancas.

Tenían tres hijas a las que todo el mundo llamaba las señoritas del cortijo de los Valientes. Mariana era la mayor, Julia la del medio y Manuela, la más consentida y la más pequeña de las tres. Todas en edad casamentera, pero más feas que un espantajo guardando el grano en la siembra de la era. María tenía, como labor, ser su doncella y las atendía como si fueran princesas, siempre entre paños de algodón. Complacía todas sus peticiones y exigencias. La joven María se las caló enseguida. Además de feas, eran más tontas que Picio.

—¡*Ansina* nunca encontrarían un marido! —se decía María para sus adentros—. ¡Si es que no sé si son más feas que tontas, o más tontas que feas!

Y resoplaba, sin podérselo explicar, porque era menester tener pacencia con ellas.

El trabajo era llevadero: oreaba los bonitos vestidos de las señoritas y les sacaba brillo a sus zapatos, que olían a piel curtida de cabra; mullía sus colchones de lana y mudaba, a diario, las ropas de las camas. Sacudía la *pelufa* de las alfombras, y alguna que otra vez, la llamaban para que tomara, con ellas, el té de la tarde. No eran desagradecidas del todo, pero poco dadas a dar las gracias y un tanto malcriadas. Cuando la invitaban al té, le hacían preguntas poco acertadas, y cuando María respondía educadamente, ellas se reían, mofándose con la mirada, por la forma en que su doncella se expresaba. María hacía de tripas corazón, echando *toa* la pacencia que tenía. Por un mísero y agradecido plato de comida y cama, se conformaba. El sueldo era fijo y la señora Carmela le pagaba, puntualmente, todas las semanas. Los domingos los guardaba para su padre. Subía a la sierra al despuntar la mañana y pasaba el día con él. Francisquillo, al verla, parecía albergar vida. La echaba mucho de menos en su ausencia; pero escondía ese sentimiento para que su hija no se preocupara. Desde que María trabajaba en el cortijo de los Valientes, los estantes de la despensa de aquella modesta casa estaban más repuestos y hasta Francisquillo reía más que nunca, llevando la pena por dentro, él sabía que su María soñaba con ser princesa y que ella había perdido todos sus sueños por el camino. Pero se conformaba, al verla algo más repuesta.

***

Texto cuarto.

*A*quella tarde quedé pensativa, después de que mi abuelo me contara, fielmente, el cuento que, para mí, tal vez, se había convertido en la investigación de un dilema por resolver.

Como de costumbre, al día siguiente, me presenté en la casa de mi abuela y, nada más llegar, encontré a Canelo pegado a las piernas de mi abuelo. Se disponían a salir, pero, por alguna razón ajena a mí, abortaron la salida.

La cosa tiene su risa. Tenía mi abuelo una *mobileta*, y mi abuela tenía otra. O sea, cada cual tenía la suya propia, pero con una atípica diferencia. La de mi abuelo era más antigua, y la de mi abuela una miaja más moderna.

Aquella temprana mañana, mi abuelo fue madrugador. Ya se había comido las sopas, y el perro, también; pues atento estaba, Canelo, a las sopas que a posta le sobraban a mi abuelo. Sabía, el granujilla, que eran para él. Lo que nunca logré saber fue el motivo del aborto del viaje aquel.

A la hora de comer, sin falta, el perro se sentaba a la vera de mi abuelo, pues, con la navaja, le iba cortando viajes de trocicos de pan, algún que otro cachico de tocino viejo, y, si había, huesos para roer.

Las siestas, ya os he contado cómo eran. Si la jefa nos mandaba a dormir, a dormir y chitón sin chistar, que no era, ni por el forro, de otra manera que no fuera como dijera ella.

La siesta de aquella tarde era para verla, los dos con las tripas llenas, mi abuelo roncando boca abajo, con la cabeza torcida y, el perro, panza arriba y con la baba caída. Yo, esa tarde, no pude dormir, di más vueltas que una perdiz perdida en París, esperando con impaciencia el próximo cuento de María. Cuando bostezaron el par de dormilones, pasada la pesada siesta, mi abuelo chasqueó sus dedos, llevándolos al pescuezo. Y el perro se limpió las lagañas con la pata y se rascó las orejas.

Y aquí es donde la *mobileta* de mi abuelo destaca por su particular detalle.

Sin merendar, salió mi abuelo a la placeta y, de una *calzá*, se subió a la *mobylette*. Canelo, detrás de él, dio un salto y, en una caja de plástico que llevaba mi abuelo atada con hilos al asiento trasero, se metió dentro y se estiró quedando más tieso que una vara. Nunca conocí a nadie que paseara a su perro en moto, solo se lo vi hacer a él. A veces, pensaba que yo tenía un abuelo del revés. A mí me gustaba que fuera así, porque era diferente y me hacía ser y sentir distinta también a mí. No sé quién disfrutaba más del paseo en la *mobileta*, si Canelo, o mi abuelo. Yo siento que disfruté todas las aventuras que compartí con ellos, detonando en mi imaginación la capacidad y la destreza de inventar, soñar y disfrutar a mi libre antojo.

—Rosita, esta tarde no hay cuento que valga, porque me tengo que ir con Canelo a la casa de mi primo Antonio. ¿Te quieres venir? —preguntó haciéndole un gesto de petición a la jefa.

Miré a mi abuela con cara de pena y un déjame ir, por favor, y ella me dijo:

—Cuando llegues, dile a la Pepa que te dé de merendar, que ni la siesta has *echao*, ni has *tomao na*, criatura.

Estiró mi abuelo su brazo y me agarró, sentándome delante de él. Puse mis pequeños pies juntos y me agarré fuerte al centro del manillar. Los tres salimos, tan dispuestos, a la casa del primo y la Pepa.

La cosa es que estábamos para una foto, que lástima que en aquel tiempo, con un simple clic, no se pudiera inmortalizar dicho instante. Ni siquiera máquina de fotos había. Lo que hoy, estando en nuestras manos, es tan simple y tan poco valorado por nuestra parte. Alardeamos del postureo cuando realmente lo que importa es la suma de los momentos espontáneos que nos vamos dejando atrás, porque el tiempo no perdona, ni retrocede para volver a vivir lo que ya vivimos y después anhelamos. Ahora daría lo que fuera por poder tener en mis manos aquel momento en que íbamos en la *mobileta* Canelo, mi abuelo y yo. Un tres más uno, inmortalizado en mi mente, que no olvidaré jamás; pero que jamás nadie podrá imaginar, porque es una sensación que no puedo mostrar. Solo os la puedo contar.

A nuestro regreso, me dijo mi abuela que, como mi madre tenía que madrugar mucho en las próximas semanas, me iba a tener que quedar a dormir con ellos. A mí me dieron en el lado del gusto, y tanto me agradó la noticia, que se me escapó hasta un chillido que me dejó afónica. Mi abuela hizo, para cenar, tres tortillas; mientras, yo ayudé a poner la mesa. Mi abuelo partió un par de buenos tomates y les añadió caparrones y olivas negras con vinagreta.

Cuando terminamos de cenar se sentó mi abuelo en su mecedora, se fumó un celtas y, mi abuela y yo, recogimos la mesa. Canelo se tumbó, *espatarragao*, junto a sus pies, y en menos que canta un gallo, cerraron los ojos, quedándose con la boca abierta, otra vez. Así pasaban los días, mi anciano abuelo y su perro Canelo. Sin saber qué vida era mejor, si la del perro o la de mi abuelo, que era su dueño.

Amaneció un nuevo día y yo desperté en la casa de mis abuelos. No sé por qué, era una sensación diferente. El colchón, la almohada, la colcha de crochet, la ventana pintada de verde, el olor a alcanfor al abrir el cajón del ropero, y el mero hecho de pulsar el botón de la pera para apagar o encender la luz de las tulipas, era emocionante.

Al otro lado de la puerta, una dulce voz me estaba llamando. Era mi abuela que a bonico, me decía:

—¡Despierta, dormilona! Que el desayuno ya está en la mesa, ¡y *calentico* está más rico! ¡Vamos, vamos! Perezosa...

Mi abuela era como la miel de las abejas, estaba hecha de azúcar y sus manos eran tan suaves como la mantequilla. Sus besos eran crujientes como las galletas y cuando me abrazaban sus mullidos brazos, sentía que me estaba acariciando un esponjoso bizcocho acabado de hacer. Su voz parecía el sabor de un caramelo jugoso de cerezas, y sus cuentos trabalenguas, un verdadero gozo.

Mi abuelo, cuando la miraba, se derretía como la mermelada en pan recién horneado. Reñían por cualquier cosa, pero su amor era más fuerte que el acero y sus corazones vivían encadenados el uno con el otro. No había *estufido* que no fuera acompañado de una caricia, una sonrisa compartida o un beso.

Cuando entré en la cocina olía a café y deliciosas tostadas. Agarré una de ellas, bañada en aceite de oliva y orégano con alcaparras. Es ahí, cuando le arreé el primer bocado, que, sin saber cómo, se me quedó un diente colgando. Solté la tostada y me entró el baile de San Vito. No podía dejar de moverme y no sé si reía o lloraba de tanto nerviosismo.

La rabia me comía por dentro al ver aquel fabuloso manjar que, hambrienta, ni siquiera podría probar. Cerré la boca, apretándola de tal manera que se me rizaban los labios como las orugas que buscaba en el tempero de la tierra con mi abuelo, para que se las comieran las gallinas. Decía que eran muy nutritivas, y ellas se las tragaban, tal cual. Vivas.

No era, pues, de buen gusto para mí, que se me viera un diente bailando.

—¡Come y no seas tonta! —me decía mi abuela con la sonrisa alineada entre sus orejas. Mientras tanto, mi abuelo, añadía—: ¡Eso cojo yo los alicates, te saco el diente y arreando!

No pude evitar que se me saltaran las lágrimas y, entre repullos, algún sollozo se me iba escapando. Mi abuela se me acercó, me secó las lágrimas con una de las esquinas del mandil que llevaba puesto y me consoló:

—No atiendas a lo que te dice el abuelo, no ves que se quiere reír de ti, tonta.

Mi abuelo era uno de esos hombres de toma pan y moja. Más bueno que el pan, pero más burro para decir las cosas que un arado. De poca sensibilidad.

—¡Qué bruto eres, *marío*! ¡Parecieras animal agreste de monte! —argumentaba mi abuela, escondiendo sus dulces encantos tras ojos de raspa de gato huraño.

—¡Acaso no ves que a nuestra nieta la estás asustando! ¡Qué barbaridad, *marío*! ¡Qué barbaridad!

Mi abuelo, *soscón* como un magüeto, siguió tragando café y masticando pan de centeno, como si la cosa no fuera con él. Yo apenas di un sorbo al cacao y agarré pan de leche, guardándolo en el bolsillo de mi pantalón *rapi-corto* para más tarde.

Nos lo acabamos comiendo Canelo y yo a la sombra de la higuera grande de los higos, verdales, poco más tarde. Yo, más que comer, tragué.

Pasé toda la mañana escondiéndome de todos y sin hablar con nadie que no fuera Canelo. Me sentía fea, y pareciese que *sucho* diente quería desgarrarse de mis encías, por más que yo suplicaba que volviera a colocarse en su lugar, sin dejar mella.

Pensé en voz alta y me pregunté qué hubiera hecho María, puesta en mi lugar. Miré a Canelo y le dije al sabueso:

—¡Un enigma más para descifrar!

Canelo me acompañó hasta poco más de medio día. Escuchó todas mis lamentaciones, mis cortos y abundantes lloros, y cuantas maldiciones le eché a mis rebeldes encías traicioneras. Pensé, repetidamente, en María, ella los cambió todos y, según mi abuelo, le salieron otros nuevos. Por lo de los alicates, no me preocupé. Yo sabía que mi abuelo se estaba burlando, en cierta manera, de mí. ¿Para qué iba a querer mi abuelo sacarme el diente con unos alicates? Lo que él quería es que yo misma hiciera por tirar de él y arrancarlo, pero yo no me atrevía porque tenía más miedo en el cuerpo que siete viejas.

Apenas comí nada cuando llegó la hora de la comida del mediodía. Por el contrario, mi amigo perruno se comió su parte y también la mía. Mi abuelo no medió palabra durante el tiempo que transcurrió en la sobremesa, echando, de vez en cuando, un vistazo a los alicates que descansaban sobre sus rodillas.

Por el contrario, mi abuela habló tanto que aburría, siguiéndome la corriente en la mudez que, callada, me tenía.

Me quedé dormida en la mecedora con el balanceo que me columpiaba, a mis pies, que apenas rozaban el suelo, roncaba Canelo, que, a la par mía, también dormía como un lirón soñoliento.

Al despertar de la siesta, creía que aún seguía dormida. El *piño* ya no estaba con el resto de mis dientes. Un enorme agujero ocupaba su lugar y yo pensé que me moriría.

En lo alto de la mesa, estaban, el diente y los alicates. Y una nota que notificaba lo siguiente:

Soy el ratoncito valiente
y vengo a darte una cosa
a cambio de tu diente.
Si lo lanzas hacia arriba
y el tejado tu diente alcanza,
te regalaré uno nuevo en menos tiempo
que las ranas cantan.
Y por haber sido una niña buena
y ser tan rebonica,
te dejaré debajo de la almohada
unos duros y cosas para señoritas.

Corrí en busca de mi abuelo y le conté lo que había pasado. Se echó a reír y me dijo:

—¡Ves cómo no hay que ponerse así, tonta del bote!

Juntos lanzamos el diente al tejado.

Pedí un deseo al lanzarlo y, al ver que cayó en lo alto de las tejas sin problema, me quedé más tranquila. Inocente, le pregunté a mi abuelo dónde era que vivía el ratoncito Pérez, y él me contestó que más o menos por donde Cristo perdió el gorro.

—¿Y dónde queda ese lugar, abuelo? —le volví a preguntar.

—Eso quisiera saber yo, Rosita —me contestó.

Fui hacia la cama sin respuesta a mis preguntas y, cuando levanté la almohada, encontré cinco duros y una piruleta color carmesí. También unas lañas de color plata para poder recoger mi flequillo a los lados. Me decía mi abuela *de contino*, que me quedaba la mar de bien el pelo *apartao* de la cara, porque se me veían los preciosos ojos que tenía.

—¡Dos luceros *pa* enseñarlos! ¡*Quél* Señor los bendiga! —me celebraba a cada rato apartándome el flequillo a los lados.

Experimenté una sensación extraña. Estaba tan decepcionada que no podía entender por qué los dientes se caían. Por otro lado, me había liberado del suplicio de llevar el diente colgando y, a cambio de un diente caído que no servía para nada, se me había obsequiado con un deseo, unos duros y un regalo. Más una piruleta de frambuesa. Puestos a analizar la situación, salía yo ganando.

Mi abuelo se acercó a mí y me preguntó si quería saber cómo seguía el cuento de María. Le dije que sí y juntos de la mano nos fuimos a pastar las cabras.

El diente se quedó en lo alto del tejado.

OTRO REGALO PARA MARÍA

*M*aría había cumplido diecisiete años y era tan guapa como una princesa. Su piel parecía de terciopelo, sus ojos eran dos luceros y su pelo caía, brillante, sobre sus hombros, perfectamente ubicados. Seguía trabajando en el cortijo como doncella de las señoritas, que seguían siendo solteras y algo más feas de lo que antes eran. Aunque siempre se ha dicho que la belleza es subjetiva, a estas no había por donde cogerlas. Ni adornos, ni emperifollamientos, les hacían beneficio a sus abstractos caretos. La señora Carmela, que era la madre de ellas, marcaba la diferencia. Hasta el punto de que sabía que eran sus hijas porque las había parido ella misma, pues por la traza no lo parecían en absoluto. La combinación genética había sido caprichosa entre el señor y la señora Carmela. Donde ellos habían sido exitosamente guapos y carismáticos en sus años de juventud, sus hijas no corrieron la misma suerte. Parecían tener un cartel en la frente que dictaminara que serían feúchas para siempre.

La señora Carmela estaba de muy buen ver. Ya entrada en edad, seguía siendo una mujer muy atractiva y, además, tenía las dotes de ser amable y educada, lo cual exaltaba sus encantos a la simple vista de cualquiera. Mariana y Julia se parecían a su padre, y Manuela, la pequeña, un poco más a ella. Pero en las maneras ni a uno ni a otro. De tontas y creídas andaban sobradas. La señora Carmela le decía a María que la culpa la tenía ella por haberlas consentido en demasía. Y don Fulgencio también, por no haberles dado unas buenas tortas para haberlas enderezado a tiempo.

—Quiero mucho a mis hijas, María, pero me gustaría que fueran como tú.

—¿Pobres, doña Carmela? —dejó caer María, expresiva.

—No —contestó, añadiendo—: Humildes, generosas y buenas, como tú. Y si con eso habrían de tener menos riqueza, no dudaría en quitarles parte de lo que les sobra para que así fuera.

María se sonrojó y no supo qué decir.

—Que no te dé vergüenza ser como eres —añadió la señora Carmela mirando a María—. Daría todo lo que tengo por que mis hijas fueran de otra manera, por que volvieran a ser pequeñas para educarlas de manera distinta. Son poco agraciadas. Sé que algunas lenguas hablan de ellas a nuestras espaldas. Las mismas lenguas que después vienen con falsos elogios e intenciones de pecado por ser malas, adefesios y *esjalichás*, las llaman; para después venir halagando y agasajarlas con mentiras mundanas, y eso también me preocupa. No se interesan por ellas más que por interés, y cuando se casen, sé que mis yernos no las querrán por amor, sino por su riqueza. Pero son tan tontas, aunque sean mis hijas, que ni de eso se saben dar cuenta. Con esto quiero decirte, María, que lo tienes todo a tu favor, aunque parezca que tienes menos que ellas. El día que alguien te quiera lo hará por ser quién eres y por tus valores y, ni que decirte tengo, porque salta a la vista, que eres realmente preciosa. No le regales tu vida a nadie, María, y cuando te enamores, asegúrate de que ese amor es real. Sé que este pasado miércoles fue tu cumpleaños —continuó diciendo—, y quiero hacerte un regalo. Te guardo mucha estima, tú lo sabes, María.

La señora Carmela se dirigió a la cómoda de su alcoba y regresó con un mantón de encaje de bolillo en sus manos. Se lo entregó a María.

—Toma este presente, era de mi madre Inés, y está confeccionado por mi abuela Anita, que tenía finas manos para estas cosas. Bordaba que quitaba el sentido, y me regaló todo el ajuar cuando me casé con el padre de mis hijas —le dijo.

María cogió el mantón y, al tocarlo con sus manos, sintió unas cosquillas que recorrieron todo su cuerpo. Miró a los ojos de doña Carmela y notó que, esta vez, la felicidad le entró en el cuerpo de una manera distinta.

La señora Carmela le dio el día libre a María.

—Hoy es sábado, María, y mañana domingo, día de librar. Vete a tu casa y hazle compaña a tu padre, que aunque no me digas *na*, bien sé que lo echas de menos, cada vez más.

María le dio las gracias a la señora y salió de aquella casa temblando y con un profundo pesar.

De camino a la sierra tuvo tiempo de pensar. Le preocupaba la pena de doña Carmela. En cambio, las señoritas no despertaban en ella ningún sentimiento, ni bueno, ni malo. No les tenía lástima, pues eran así porque ellas querían. No les tenía envidia, porque no quería ser como ellas. Y no les guardaba rencor por haberse reído de ella hasta la saciedad porque, en el fondo, María sabía que esa era la diferencia que la hacía ser mejor que ellas. Cuando llegó a la loma, se quedó parada mirando hacia la vieja alquería, sacó de la capaza el mantón y se lo echó a los hombros, respirando hondo del aire tibio que venía de los cerros.

Recordó a su madre, cavando la huerta junto a su padre. Se recordó a ella misma, lavando las mudas en la ajada pila. Y volvió a experimentar las cosquillas de la felicidad en su barriga.

Cuando su padre la vio parada, echa un pasmarote, se quedó, por un instante, contemplando lo bonica que era su María, sintiéndose el hombre más feliz del mundo y el más dichoso del universo. Para él, era su princesa, y le pedía a Dios para que su hija encontrará los sueños que había perdido a lo largo y ancho del camino. Se sorprendió al verla en día de sábado y le preguntó si algo pasaba.

—No temas, apá, por nada —dijo María dándole un abrazo. Seguidamente platicaron durante un largo rato y, María, como siempre, lo puso al tanto de todo lo que se trajinaba en el cortijo de los Valientes.

Francisquillo era todo oídos para María y todo silencio para los demás. Le daba muchos consejos y le advertía de muchas cosas para que no la pudieran dañar. La quería tanto que hacía o callaba, por ella, cualquier cosa. Él respiraba por y para su princesa.

—María —musitó su padre, mirándola. Y continuó narrando:

—*¡Qué* larga *es la vida del pobre!* —*decía mi padre a la madre mía, mientras parcheaba unas calcetas, y sacudía las ropas con remiendos, tendiéndolas en el romero; al tiempo que se cocían, en el fuego, dos cebollas, tres tomates y una patata, en una lumbre que, de brasas, andaba bastante escasa.*

—*Habrá que llamar al maestro* —*le decía mi padre a tu abuela*—. *Hace un mes que no viene y los niños van juntando los números con las letras. Poco negocio van a hacer estos hijos nuestros cuando de grandes no sepan contar ni las cabras ni las ovejas.*

—*Tampoco sabes tú mucho de eso. A los números y las letras me refiero y bien que te defiendes* —*le respondía mi madre mientras ponía una cuchara en cada una de las sillas, contadas alrededor de la olla que cubría la pequeña mesa.*

—*Para tener trabajo, con ser buenas personas han de tener bastante. Y de eso me encargo yo. Pero si quieren llenar los bolsillos de perricas y tener la olla llena de comida rica, no han de ser tontos, que hay mucho listo suelto* —*le objetó mi padre.*

—*Razón llevas, marío mío* —*añadió la abuela tuya, María, mientras sacaba el mendrugo de pan duro de la fresquera y lo añadía al caldo caliente, para que hiciera más bulto y se fuera remojando para poder comerse.*

Entre tanto, uno detrás de otro llegábamos los hijos, nos lavábamos las manos en la tinaja que había preparado la abuela en la entrada de la casa, debajo de la escalera para que no estorbara, y cogiendo cada uno su cuchara, nos íbamos sentando en las sillas. Antes de empezar a comer, le dábamos las gracias a mi ma-

dre por aquella comida tan riquísima que sabía a poco, porque poco condimento llevaba. Y si sobraba algo, también comería el perro, Pulgas, se llamaba. Pero poco, que tenía que ir ligero de peso, porque gordo no valía para correr y volver el ganado que le guardábamos al patrón un par de lomas más pa bajo.

—Te quiero decir con esto, María, que no hay que tener riqueza para ser feliz. He sido pobre toda mi vida, pero siempre he tenido qué comer para saciar el hambre; aunque no para desparramar ni manjares que tener para probar. Bien es sabido que no es más rico el que más tiene, sino el que disfruta de lo poco que tiene. Pues el pobre se conforma con lo poco de lo que dispone, y el rico quiere más de lo que le sobra. Me hubiera gustado tener muchas cosas pero no quiero *na*, María, mi riqueza fue la familia, haber amado a tu madre, y nuestra riqueza fue haberte tenido a ti. Me doy por satisfecho en esta vida.

***

Texto quinto.

ien avanzada la tarde, terminó mi abuelo de contarme el cuento de María y se les acabó, a las insaciables cabras, el tiempo de pastar. Las encerramos en el corral antes de que reventaran sus panzas. También se habían recogido, ellas solas, las gallinas. Estaban *toas apiñás* al calor, unas de otras. Una vez aviados los animales, nos recogimos nosotros también. Mi abuela mataba el tiempo haciendo gancho con moldes largos y gruesos. Contaba los puntos para ver si tenía bastantes. Estaba rematando una toquilla de lana que le había encargado la prima Pepa, para el luto que habría de llevar por tres años o, quien sabe si no algunos más. Era costumbre obligada rendirle luto al difunto como símbolo de respeto. De no ser así, la comidilla te devoraba, siendo pasto de las murmuraciones. Mi abuelo decía que enlutarse de esa manera era cosa de *tontás* en la gente, que la pena se llevaba por dentro y no había que mostrarla por obligación a nadie. Pero mi abuela opinaba distinto, y esas *tontás* a las que se refería mi abuelo, ella las llevaba a rajatabla, al igual que sus antepasados. Los pueblos pequeños eran fieles a sus costumbres y continuaban muy arraigados en el pasado. A la prima Pepa se le había muerto una tía abuela que vivía en Barcelona, y a la que solo tuvo ocasión de ver unas tres o cuatro veces en toda su vida. La vieja estiró la pata con más años que Matusalén, pero eso no sería excusa para librarse de vestir como un cuervo.

Había quedado una buena tarde y, hasta las diez, no se oscurecía. ¡Bendito verano! Mi abuelo y yo nos sentamos junto a mi abuela en unas sillas bajas, de anea, que a su lado había. Nos quedamos relajados tras la sesión de trabajo. Tenía mi abuelo el vicio de fumar; aunque mi abuela lo regañara a menudo por ello. Que echaba peste, le decía, y lejos de ofenderle sentía de ahí, un elogio lejos de un insulto.

—Fumar es cosa de hombres —presumía mi abuelo con voz diligente.

Fumaba hoja de parra seca y hasta hojas de tabaco que él mismo cultivaba. Además de sus celtas. A mí me resultaba chocante y estaba atenta a aquel chupeteo que mi abuelo tanto saboreaba. Tal era así que, un día, al despiste de mi abuelo y al cuidado de que mi abuela no me pillara con las manos en la masa, me hice con uno de esos cigarrillos que me resultaban tan interesantes. Busqué el momento de quedarme sola y me escondí en la recámara de arriba. Donde los higos y las almendras. Me atrapó una ráfaga de miedo y abrí los ojos afinando mis oídos. Temía que aparecieran mis abuelos y me descubrieran. Quería saber qué sentían los hombres al tragar el humo de un cigarro. Josefina, la hija de Maruja, la francesa, fumaba a escondidas con un par de amigas en casa de nuestra vecina. Si ellas podían hacerlo, ¿por qué yo no? También tomaban carajillos y le arreaban a la ginebra.

Me costó mi trabajo darle al mechero de yesca, pero me empeciné y logré encender aquel cigarrillo a pesar del canguelo que tenía metido en la piel del cuerpo. Le zumbé una calada que me dejó mareada antes de poder encontrarle el fuste a fumar. «¡Qué asco!», me dije en medio de una fuerte *tosijera* que me asfixiaba. Comencé a escupir escupitajos como una llama, carraspeando la garganta entre arqueadas. Estuve escupiendo hasta dejar mis glándulas sin saliva. Fue una total decepción para mí el sabor del tabaco. Perdí el vicio de observar a mi abuelo cuando fumaba, y dejé de estar atenta cuando enroscaba la *perifolla* con los dedos en el papel de la caja naranja. Y menos mal que de esto no llegaron a enterarse.

Si mi abuela llega a saber que le quité un cigarro, pone al pobre de mi abuelo de vuelta y media, y a mí me habría caído alguna bofetada. Aunque, puede ser también, que los dos se callaran para que nada de esto pasara. Empecé a entender a mi abuela cuando decía:

—¡Vaya vicio feo que tiene mi *marío*!

Terminó mi abuelo de desayunar y lo acompañé, como otras veces, al corral. Mi abuelo le había comprado una cabra al Paco el de las cabras, o también conocido como el Francés, y tío de Josefina.

Esta, la cabra, llegó al corral la tarde de antes. Se dispuso a ordeñarla, y mi abuela se acercó de buena fe para agarrarla del collar que adornaba el lustre de su peludo cuello.

—No necesito ayuda, mujer —le dijo mi abuelo con voz pasiva—. A ver si va a ser la primera vez que le saco la leche a una cabra —añadió.

Mi abuela me miró y, con una mueca burlona, me sonrió. Debió de haber hablado con aquella mala cabra para saber, de antemano, lo que después sucedió.

Se acomodó mi abuelo a las faldas peludas que le colgaban a la cabra. A diferencia de las otras, esta era más bonita, porque tenía más pelaje y era más blanca. Empezó a acariciarle las ubres.

—Venga, bonica —le decía mi abuelo a la cabra—. Ere, ere…

Yo me quedé en la esquina, cerca de mi abuela y de las gallinas, que picoteaban ansiosas todo cuanto removían en el suelo cuando escarbaban.

Pendiente del lío de mi abuelo con la cabra peluda, caía más leche fuera que dentro del caldero. Las patas de la cabra no paraban quietas y, a mi abuelo, las tetas de la cabra se le escabullían de las manos hacia los lados, como si agarrara manteca.

Se despistó mi abuelo con la *bregaera* y, de una coz, lo tiró la cabra pelona del *posete*. Cayó mi abuelo al suelo, de espaldas, la leche se derramó sobre él, el caldero salió volando y la cabra nos enseñó los dientes a los tres. Se levantó mi abuelo, mientras soltaba pestes por su boca. La cabra seguía rumiando, como si nada hubiera pasado. Le traía por la fresca todo lo que mi abuelo le estaba diciendo. Y mi abuela le desembuchó a mi abuelo:

—No es por malmeter, ¡pero ya te lo dije, *marío*, ya te lo dije!

Mi abuelo salió del corral cojo y sin leche, y mi abuela se quedó riendo y repitiendo:

—¡Ya te lo dije, *marío*, ya te lo dije!

Yo no me moví de la esquina del corral.

Me quedé observando a la cabra malvada que había tirado a mi abuelo de una patada, y me resguardé, encogida, del alboroto de las gallinas, que parecía que se habían vuelto locas con tanto trajín revuelto. Mi abuela las tranquilizó enseguida con su buena maña. —Pitas, pitas, pitas —las llamaba a sus pies, echándoles al suelo puñados de panizo picao. Les puso agua limpia y fresca, y se quedaron mejor servidas que las faraonas de Egipto.

Cuando volví a ver a mi abuelo, ya se le había pasado el enfado. Era de pronto fuerte pero, en menos de nada, volvía a ser agua de remanso.

El verano era fantástico. Y yo lo disfrutaba como la que más. Me encantaba estar en casa de mis abuelos, me fascinaba estar con mis abuelos, me complacía escuchar a mis abuelos, me gustaba soñar a la par de ellos.

Una mañana, a finales del mes de junio, salieron Canelo y mi abuelo, muy dispuestos, hacia el huerto. Iban a plantar patatas. Mi abuelo, ¡claro!, el perro sólo participaba de fiel acompañamiento.

Había cambiado sus alpargatas por unas sandalias caladas para llevar los pies más frescos. Canelo, como siempre, iba descalzo, calzado con buenas almohadillas de perro.

Mi abuelo empezó la faena con la azada, cavando la tierra mullida y fertilizada, trazando caballones con una notoria fuerza en sus brazos. Canelo escarbó una miaja la tierra haciendo un agujero en la esquina del bancal y, convertido en un rosco, se metió dentro, buscando el fresco.

—¡Ostias! —gritó mi abuelo en voz alta—. ¡Qué setazo *m`arreao el mu condenao!*

No habría lugares donde caer. Tuvo que ser encima de los pies de mi abuelo, donde aterrizó un alacrán, revuelto con la tierra y excrementos.

Soltó mi abuelo la azada, dejándola tendida sobre los tormos en el suelo, y se recogió a la pata coja para la casa, tan deprisa como podía y hecho un basilisco.

Canelo ladró dando un brinco, y se puso alerta, poniendo sus orejas tiesas. Se acercó al bichejo, que mi abuelo había chapado sin consideración dándole una muerte de gracia y, con el rabo entre las piernas seguía ladrando, Canelo, como una fiera.

Salió, mi abuela, corriendo y asustada, a ver qué había pasado, al oír a mi abuelo con sus quejas y tan temprano, ya de vuelta en la casa.

—Ya te lo dije, *marío*, que no *mes cuchas pa na* —le reprochó, y siguió con su erre que erre—. Que no llevabas tú *calzao apropiao* para estos menesteres, pero tú es que eres la mar de *atascao*. Así te ves, ahora, con el pie más *hinchao* que una bota y con más dolores que una parturienta.

—Cállate, mujer, y déjate la machaca pa otro día, que ya tengo bastante —le respondió mi abuelo más mareado que un pavo en tiempos de pascua—. Dame algo, mujer, que me alivie este dolor que tengo, que estoy loco perdido del dolor que llevo por dentro, y voy a perder hasta la cabeza de los *zumbios* que me pegan los sesos.

Mi abuela se metió en la cocina y le preparó a mi abuelo un *cocitorio* de hierbas que olía bien fuerte. Se tomó mi abuelo, sin rechistar y del tirón, el ungüento que le había preparado mi abuela. Le supo áspero y amargo. Mientras, mi abuela le iba poniendo en el pie y en la frente paños con agua fría, a relevo, uno detrás de otro.

Pobrecito mi abuelo, que debió de dolerle mucho la picadura de aquella criatura tan pequeña, pues se quejó hasta pasada la medianoche y, a la mañana siguiente, aún cojeaba y se seguía resintiendo de dolor.

No fue mi abuelo al médico e insistió en que mi abuela no lo llamara. Pensé que tenía el abuelo más valeroso que existía y que mi abuela fue la mejor de todas las enfermeras, pues preparó en el fogón de su cocina una medicina milagrosa que curó el dolor que sufría mi abuelo, tras ser picado por aquella extraña y endemoniada criatura.

—Rosita —me reclamó mi abuelo. Y yo acudí.
—¿Qué quieres, abuelo? —le pregunté.
—¿Quieres que te siga contando el cuento de la María?
Y yo le dije que sí.
Me senté en el suelo y me acomodé cruzando mis larguiruchas piernas. Él se reclinó un tanto hacia atrás y estiró su pierna, poniéndola en lo alto del *posete* de madera, sobre un cojín relleno de esponja hecho por mi abuela.
—A ver, Rosita, ¿por dónde nos habíamos quedado? —preguntó pensativo. Y prosiguió—. ¡Ah… si! Hoy vamos a conocer al señorito Mariano.

MARÍA Y EL SEÑORITO MARIANO

*M*aría pasó el fin de semana con su padre, y al caer la tarde del domingo, se despidió de él hasta la siguiente semana. Echó a andar, dejando a su viejo padre en la vieja alquería, otra vez. A María se le hacía cada vez más cuesta arriba aquella situación. Su padre quedaba solo y a ella la consumía ese dolor por sus adentros. Menos mal que don Andrés era hombre de buena fe y, casi día sí día no, asomaba los morros por la alquería para echar jornadas atrás, haciéndole compaña al Francisquillo. A María le era difícil dar las gracias por aquel gesto. Aun así, a su manera, sabía agradecérselo; aunque a regañadientes. Admitía que la ayuda del párroco era importante y de agradecer.

Francisquillo se quedaba asomado a la ventana hasta ver a su María perderse de vista. Entonces corría la cortina sobre el cristal y guardaba la sonrisa para cuando volviera María a la semana siguiente. Se sentaba en el sillón con su tristeza y comenzaban a sonar las agujas del reloj en su cabeza. Tic tac, tic tac, tic tac, restaba el reloj su tiempo en el tiempo, y sentía cómo las agujas se le hincaban en el corazón, cuando la soledad se sentaba junto a él en el sillón. Francisquillo, entonces, apartaba a la soledad de su pensamiento. Y comenzaba a restar el tiempo con otras agujas distintas. Restaba los días que faltaban para poder ver regresar a su María. Restaban en él los días que se quedaban perdidos en su vida, recordando todas las cosas buenas que habían pasado entre las paredes de aquella vieja alquería. Hablaba con aquellas paredes, con su Flora y con su María. Y cuando hablaba con el cura, le confesaba no estar loco. Hablar solo le hacía bien, se desahogaba, liberándose de la frustración de la soledad. Francisquillo había logrado encontrar, en el silencio, al aliado perfecto para combatir a la soledad.

María anduvo hora y media hasta llegar al cortijo. Allí la esperaba la rutina de cada día.

—Puff —suspiraron sus labios dejando salir su aliento. Y se adentró en el cortijo con el deseo de que pasaran pronto los días para poder volver a ver su padre. Cuando llegó a la altura del pórtico, se percató de que había gente nueva en el cortijo.

—María, ven —oyó a la señora Carmela—. Hoy quiero que cambies de tareas, han venido mi hermana Candelaria y su hijo a pasar con nosotros unas semanas, ¿te importa ponerte al avío de las habitaciones? Puedes empezar con las mudas de las camas, ya sabes dónde están las sábanas enjutas y *perfumás*. Y cuando termines te vas *pa* la cocina y le ayudas a la Dolores, que *sa quedao* matando dos gallinas pal puchero, dejándose a la *mitá* el remojón de carpacho. No te demores, María, esta gente viene con la barriga vacía y *cansá*.

—No se preocupe por *na*, doña Carmela, pal mediodía está *to* listo *pa* comer y descansar —le contestó María, ardilosa y ya con las mangas *remangás*.

—¿Cómo está tu padre? Con tanto jaleo se *ma* ido el santo al cielo, hija, y ya ves, ¡no pienses mal!

La señora Carmela le cogió las manos a María y esta le dijo, de buen agrado, que su padre estaba igual, viejo y cansado de vivir, aunque él hacía todo lo posible por no hacérselo sentir a ella.

—Pero, en fin, ¡la vida es así! —dijo María, añadiendo con un gesto de resignación.

Antes de las doce del mediodía, las tareas de María estaban terminadas y, en el fogón, reposaba, a fuego lento, el puchero con las gallinas, las legumbres, algunas hortalizas y el tocinico dentro. La comida se dispuso en el salón principal. La Dolores sacó del aparador la mantelería de algodón *bordá*, las servilletas se pusieron bien dispuestas y María colocó, con *mañica*, la vajilla de la cartuja. Con mucho tiento, puso, uno a uno, los platos con flor de lis y, después, la Dolores repasó la cubertería de plata *pa* que luciera brillante. María limpió las copas de cristal tallado, asegurándose de que no quedaran *empañás*. Cuando la señora Carmela hizo acto de presencia, acompañada de su hermana Candelaria, se quedaron *pasmás*.

—¡Qué mesa más bonica, y que bien *colocá*! —exclamó la señora Candelaria—. Cosas de la Dolores y la María, que son ellas mu *apañás* —añadió la señora Carmela, regalándoles, con un gesto, su gratitud a sus buenas voluntades.

—*Pa* servir estamos señoras, que *pa* eso nos pagan, y bien —se lanzó a decir la Dolores, que era mu *echá pa lante*.

María asintió con la cabeza y, con mucha timidez, dijo:

—Gracias.

Al mismo tiempo entraban don Fulgencio y el señorito Mariano.

—A los buenos días —dijo don Fulgencio, y con otro «buenos días» los demás lo acompañaron.

—Mira, María, este es mi sobrino Mariano, el hijo de mi hermana Candelaria, el menor de dos machos que tiene.

—Y ella es María —sentenció la señora Carmela acercándolos y presentándolos.

—¿Ves lo guapo y lo alto que es? Y tú, Mariano, fíjate en María, que además de tener esa cara de ángel, siempre va bien *peiná*, que en *to* el tiempo que la tengo sirviendo en mi casa no la he visto jamás *desgreñá*. Además es más *apañá* que las pesetas, que me lo tiene *to* como los chorros del oro. ¡Ah!, y te digo más, tiene un corazón la mar de bueno. ¡Más *salá* que *tó*! *Pa* mí que la quiero, casi a la par que mis hijas.

El señorito Mariano se acercó a María, y le dio dos besos en las mejillas que la dejaron *descolocá* y con los mofletes más coloraos que un tomate. María se quedó encogida y sin saber dónde meterse. Nunca antes la había besado un extraño.

Todos comieron felices y muy bien, por cierto. Y con el cafelico, se jartaron hasta hincharse de almojabenas, que las trajo la señora Candelaria de esa parte de la Vega Baja. El señorito Mariano disfrutó la comida a cuerpo de rey, puesto que se le regalaban los ojos de gloria mirando a la María. Cuando giraba la mirada a la plática que le daban sus primas, *pa* sí mismo se decía: «Qué diferencia, ¡madre mía!, qué feas son estas pajarracas al lado de María».

María, la probetica, temblaba como una cachorrica. El joven y apuesto Mariano la ponía nerviosa y ella sentía, en su barriga, unas cosquillas extrañas que no podía controlar.

Texto sexto

Cuando terminó mi abuelo de contarme esta quinta secuencia del cuento de la historia de María, me levanté del suelo estirando brazos y piernas. Mi abuela había estado también atenta, y me pareció que ella también conocía, en cierta manera, aquella historia, por su forma de asentir y mirar a mi abuelo de reojo, con la cola del ojo.

—¿Te acuerdas de aquellos tiempos, mujer? —le preguntó mi abuelo a mi abuela—. ¡Anda que no ha *llovío* después, ni *na*! —exclamó, contestándole, mi abuela. Y a los dos les entró la flojera riendo sin poder parar. En aquel momento no entendí nada, y diciendo a otra cosa mariposa, me perdí de allí, dejando a mis abuelos con su complicidad.

El viernes por la mañana, cuando me desperté, mi abuelo se estaba preparando para subir a la sierra. Él se había criado yendo de un lugar a otro, pasando temporadas en distintos sitios. Uno de ellos, guardando un gran aprecio por parte de él, era el cortijo de los Valerosos. Y mi abuela, por su parte, en la casica de los Tiznaos, muy cerca una de la otra. Él era muy asiduo a visitar todas esas tierras altas, puesto que las conocía realmente bien, como las palmas de sus manos, por haber crecido en ellas y haberlas recorrido todas retozando como y con las cabras cuando chico. Y aprendiendo a vivir de ellas conforme iba haciéndose un hombre. También tenía la asiduidad de sentirse atraído por ellas, porque llevaba dentro una pasión por los espacios naturales y por la caza; vicio por el que perdía los cuatro vientos; tradición que había adoptado de su abuelo y padre, al igual que ellos de sus progenitores. Me decía mi abuelo que, antiguamente, en los montes de la sierra, había buena caza para matar bien el hambre. Que cuando era un crío, ponía trampas que él mismo preparaba. Me explicaba que cazaba conejos y liebres; pillaba grajas y abubillas; buscaba nidos de tutubias y rebuscaba perdices en los pedregales y las atochas, y codornices en los rastrojos.

Sus historias se ponían más interesantes cuando me soltaba que también cazaba jabalíes, zorras y serpientes, largas como látigos, cuando iban a refrescarse a los caudales de las ramblas. También atrapaba escarabajos (los follencos echaban una peste de aúpa al cogerlos), grillos, zapateros, marranicas del señor, gusanos y ciempiés, que luego decía vender a los pescadores para pescar. Algunas de aquellas interesantes historias me parecían en cierta manera ciertas, pero en cambio, a pesar de mi corta edad y mi ingenuidad, otras eran tan   sumamente exageradas, que supe ver enseguida que no eran nada verdaderas. Me decía que no iba al colegio porque en la sierra no había escuelas en sus tiempos. Y si había alguna, *na* más que eran *pa* ricos. Además, tampoco le gustaba estudiar.

—Manque pudiera no hubiere ido por voluntad propia.

Me contaba que don Manuel, el maestro, solía pasar por el cortijo de quince en quince días, o más. A petición de mi bisabuelo, que por él no era. Le daba la lección y, entonces, le pagaban ofreciéndole un plato de comida y, cuando caía alguna que otra perra chica. Eso con mucha suerte, *pos* pocos la tenían de sobra *pa* darla. ¡Lo primero era llenar la panza. y después, *to* lo demás! ¡Los que la tenían, no se rascaban el bolsillo pese a la miseria que arrastraban las alpargatas del maestro!

También me decía que don Manuel le tiraba de las orejas muy a menudo porque casi nunca ponía atención. Que el maestro ponía en aviso a su padre, mi bisabuelo, que quería como todo padre que fuera estudiado y preparado. Le ponía, muy a su pesar, al tanto de que era bien dotado para estudiar; pero un cazurro por voluntad.

—Me quedaba más en las cosas de babia que en lo que el maestro, don Manuel, me decía. Me hacía reír mucho cuando contaba que, de tanto tirar el maestro de sus orejas, se le pusieron tan largas y anchas como las de los burros de Toribio, el Jarapas, y que su padre le decía a don Manuel: «¡Tire, tire usted de las orejas! Y si se las ha de arrancar, tiene usted mi permiso. ¡Tire usted lo que crea conveniente de las orejas del zagal!».

También me advertía:

—Tú tienes que estudiar mucho, Rosita, que el saber no ocupa *roal* alguno; y de mayor serás una mujer lista *pa* saber desenvolverte sola en la vida, sin depender de *naide*. La cultura es un libro que llevamos dentro. Cuanto más aprendemos, más sabiduría adquirimos, y cuantos más conocimientos abarcamos, menos *tontuescos* somos. Menos mal que mi padre porfiaba en que fuera un hombre erudito. Me enderezó a tiempo y supe sacar provecho.

***

Hice un alto en la conversación de mi abuelo poniendo ojitos de cordero degollado. Tiré intencionadamente, tratando de utilizar mis mejores encantos, y le pregunté si María había ido al colegio. —Poco, Rosita, poco. Cuatro números y unas pocas letras. De más sabía la niña María, *pa* la poca escuela que tuvo, la chavalica. El tío Casildo y Geromo, pasaban con la carreta de los libros, *mu* de uvas a peras por la alquería. Recorrían toitícas las casicas y cortijás en las que habían niños y niñas, *pa* llevarles sueños y entretenimiento a los que menos posibilidades de ir a aprender tenían. ¡Qué Dios los tenga en su gloria! Los dos están ya fallecidos. Le dejaban, entonces, una cartilla de cuentas y otra de caligrafía. *Demasiao* sabía la María. Si hubiera *nació* en otros tiempos, otros gallos le hubieran *cantao*, pues era mu, pero que mu lista, la jodía.

Entonces el que frenó en seco fue mi abuelo y, mirándome con cara de *refunfuñao* me dio el alto, diciendo:

—No me seas pillina, Rosita. ¡Que te veo venir con artimaña ande el otro lao! Vamos a dejar por ahora aparcados los menesteres de la María.

No coló mi argucia para sonsacarle nuevos argumentos. Me quedé con la miel en los labios y tuve que esperar a después para saber más de la María.

* * *

El caso es que salió mi abuelo esa mañana en la *mobylette* con su perro Canelo, erguido como un palustre en la caja trasera, y la escopeta colgada a las espaldas. Parecían dos militantes preparados para pasar revista. Provisto de cartuchos, rodeaba un cinturón, su cintura y la *cinbraera* bien cargada para que, cuando la barriga les rugiera, pudiera él calmarla, dejándola llena y saciada. Así se fueron, para echar el día en esos campos de Dios. Esa era la costumbre que él tenía y, al despedirse de mi abuela, esta le decía:

—Ten *cudiao* por ahí, *marío*. En esas sierras *perdias* y deshabitas, que solo no habrías de irte. Pero mi abuelo, que como ya decía ella era más *atascao quel* barro, poco caso le hacía y, solo iba a todas partes.

Llegó la noche y mi abuelo no regresaba de los montes. Vagaba mi abuela, preocupada, andando por todos los alrededores de la casa.

—¡Válgame Dios! ¿Dónde estará este *marío* mío? —decía sin dejar de mirar el camino desde la esquina, la puerta y la ventana, por si aparecía por algún lado. Pero no. No apareció.

Aquella noche mi abuelo no volvió. Asomó después de la media mañana del día siguiente, más feliz que una codorniz y con un par de liebres muertas, enganchadas en el hombro. Que bien contenta se habría puesto mi abuela al verlas, si no la hubiera tenido toda la noche en vilo y en ascuas por la *tardaera*.

—¿Dónde estabas, que no apareces? —preguntó mi abuela, toda *enrabietá* y con las manos en jarras.

—Pues dónde voy a estar, mujer —le contestó mi abuelo con parsimonia—. A la sierra de caza me fui con Canelo y, de la sierra, con dos liebres y el perro vengo. ¡Ni que me fuera ido de farra!, ¡que te veo una *mijilla* farruca! Asosiégate, mujer.

—*Preocupá* me tenías, mal *marío* —le abocó mi abuela, que con la mirada se lo comía.

Y él añadió:

—¿*Preocupá* de qué? Comida llevaba bastante, y abrigo no me hacía falta, ni a mí, ni a este perro. Así que nos quedamos a dormir al raso, que bien que hemos dormido, y descansados nos hemos *tirao pa* bajo esta mañana. ¡Aquí nos tienes, mujer! ¡No te sulfures, que no es *pa* tanto!"

—A disgustos me vas a matar —dijo mi abuela huyendo de las risas toscas de mi abuelo. Contenta se retiraba a sus quehaceres sabiendo que había regresado sano y sin pasarle nada malo.

Y así se quedó la cosa. Al rato estaban como si nada, ambos desollando las liebres para hacer el caldo con gurullos que se sirvió ese día en los platos.

Quedó una tarde preciosa, levemente soleada. La acompañaban unas bonitas nubes que dibujaban siluetas difusas en el cielo. Me quedé mirando cómo se movían lentamente y me pareció ver la cara de una mujer, deshaciéndose entre un soplo del viento. Le pedí a mi abuelo que me siguiera contando la historia de María, y él me dijo:

—Siéntate acá, a mi lao, Rosita, que te cuento.

EL DILEMA DE MARÍA

*E*l sábado por la mañana, María se levantó con el primer canto del gallo. Cogió la jarra, nada más poner los pies en el suelo, y echó agua fría en la palangana; agarró dos buenas *jarpás* para despejarse la cara y resopló al sentir en su piel el helor dejándola erizada. Se miró en el espejo que había encima del cofre y se pellizcó las mejillas pálidas para darles un poco de color colorado. Arrastraba cansancio y había dormido poco en la noche. Hubo querido dejar todas sus tareas de sábado finalizadas sin que se le quedara nada pendiente de hacer, y así poder salir pronto, el domingo, para su casa. En la solitaria alquería, esperaba Francisquillo su llegada con muchas ganas y ella lo sabía. Por otro lado, quería estar a tiempo para cocinar un potaje con garbanzos y unas acelgas, recién *cortás* del huerto. La señora Carmela le había *dao* permiso *paque* se las llevara junto a unos huevos frescos del corral y un par de chuscos de pan de la última *horná*. A María se le había pasado la semana *volá*. El señorito Mariano no le había quitado el ojo de encima. La perseguía como un zalamero por *toas* partes, preguntando cualquier cosa, y ella no atinaba a contestar. Se le perdieron las ganas de comer y, por las noches, no dormía pensando en él. Cerraba los ojos y se decía *pa* sí: «María, duérmete y no sueñes despierta, que el granuja del señorito quiere regalarte la oreja y después si te visto no me acuerdo». Pero a María se le enredaban los pensamientos entre mariposas y chispicas de cosquillas que le pellizcaban la panza. Y el corazón se le ponía ardiendo como las llamas del fuego.

Llegó el domingo por la mañana. María se disponía a salir por las puertas del cortijo cuando don Fulgencio la detuvo montado en un caballo color canela.

—¿Pasa algo, María, que traspones tan temprano y sin decir *na*? —preguntó gesticulando con preocupación.

—No pasa *na*, patrón, que esta mañana tengo más ganas de ver a mi padre que nunca. Ya sabe usted que está el pobrecito alicaído, y el día se va en un suspiro —respondió María. Con un *condiós*, María, y un *condiós*, don Fulgencio, se despidieron.

María fue todo el tiempo pensativa. El señorito Mariano se había metido en su cabeza y, por más que ella hacía el intento de cavilar en otra cosa, siempre caía en las redes del pensamiento, volviendo a recordarlo. Una parte de su cabeza le decía, ¡qué guapo es el señorito Mariano!, ¡qué educado es el señorito Mariano!, ¡qué agradable es el señorito Mariano!, ¡qué bien huele el señorito Mariano! Y la otra parte de su cabeza le decía: «¡Qué tonta eres, María!, ¡no te ilusiones, María!, ¡baja de las nubes, María! ¡esto no puede ser, María!». Y, así, fue María todo el camino hasta llegar a su hogar; la vieja alquería.

Francisquillo rio al ver a su hija asomar.

—Qué alegría de verte, María. ¡Has madrugado!

—Sí, padre, ya sabe que en el cortijo me asfixio y necesitaba respirar cerca de usted y abrazarlo —le dijo mientras lo miraba acariciándole las manos. María cocinó su potaje, lavó ropas, oreó la casa, cambió las mudas del catre y mil cosas más.

Su padre notó a María diferente, parecía nerviosa, algo distraída y muy pensativa.

Además, no le dijo nada con referencia al cortijo, y si él preguntaba en relación a algo, ella rehuía la conversación, saliéndose por la tangente.

—Soy zorro viejo y a mí no me engañas, a ti *ta pasao* algo, y no me lo quieres decir —se guardó Francisquillo para sí.

A la mañana siguiente, María volvió a levantarse antes de salir el sol. Se despidió de su padre con un beso y, para cuando llegó al cortijo, todos dormían. A excepción de don Fulgencio y su sobrino Mariano. Cuando María cruzaba las puertas, se los encontró montando a caballo. El señor don Fulgencio iba a lomos del de color canela y el señorito Mariano montaba una preciosa yegua blanca con las crines trenzadas. Se dijeron buenos días y a Mariano se le rieron los huesos, al verla. María entró con un fuerte temblor de piernas y, al verlos alejarse, cerró las puertas y creyó que iba a desmayarse.

***

TEXTO SÉPTIMO.

$\mathcal{A}$l terminar mi abuelo de contarme el dilema que se le avecinaba a María, vi cómo llegaba un coche tocando el claxon.
Eran mis tíos, que venían a dejar a mi prima Belén en casa de mis
abuelos para que, ambas, estuviéramos juntas. Al verla, exploté de
alegría. Saltaba eufórica, y, al vernos frente a frente, nos abraza-
mos, gritando al mundo nuestro alborozo.

Estábamos mi prima y yo jugando, como siempre, nosotras
nos llevábamos ciertamente bien y apenas tenían que echarnos
cuentas.

Nos entreteníamos con las cosas de niñas de aquel entonces; el
juego con las muñecas y bordando en el bastidor. Mi abuela nos
enseñaba a tejer abrigo con los moldes. También nos atrevíamos
con el ganchillo y la costura. La comba nos dejaba exhaustas y
sudorosas. Canelo saltaba con nosotras también.

Fue un día normal, como otro cualquiera. Comimos y pasamos la siesta debajo de la higuera y, cuando llegó la hora de
merendar, nos acercamos a la llamada de mi abuela, que esperaba
con la mesa puesta con las cosas de la merienda expuestas para
comenzar a jalar.

Primero nos lavamos las manos en el grifo del aljibe que había
en la puerta y, después, nos sentamos a la par la una de la otra.

La merienda estuvo riquísima, comieron hasta las muñecas.
Mi prima y yo nos saciamos aquella tarde
con el pan de leche y el chocolate, llenando nuestras barrigas
hasta las trancas.

Habiendo terminado de merendar, ayudamos a mi abuela a recoger y, después de ordenar todo, le dispuso, mi abuela a mi abuelo, que fuera a hacerle algunas comandas. Este se negó, ofreciéndose a ser él quien nos echara un ojo y que fuera mi abuela la que se arreglara. Pues no tenía él mucha gana de acicalarse para la salida.

Mi abuela aceptó su rechazo y propuesta y, dejándonos a su cargo, salió emperifollada por la puerta. Se había colocado el pañuelo en la cabeza y se lo ató a la barbilla. Traspuso con el monedero en una mano y la cesta de la compra en la otra. No sabía, el pobrecico mío, lo que se le vendría después encima, de haberlo sabido, se habría ido él también.

Cómo empezó la cosa, no lo sé. Guerra de primas, con tirones de pelos y coletas. Arañazos en la cara que parecían uñetas de gatas; en los brazos y las piernas, mordiscos que asemejaban ser de fieras.

Y mi abuelo, sin comerlo ni beberlo, en medio de una zona hostil, apaciguando el temporal, que duró pocos minutos y dio la sensación de durar una eternidad.

Lloraba mi prima y lloraba yo. Y, entre llantos y empujones, cayó mi abuelo al suelo de culo y ahí todo se terminó. La batalla campal quedó suspendida en el silencio. Dejó de llorar mi prima querida. Y dejé de llorar también yo. Se levantó mi abuelo, enfurecido, apaciguando a las fieras de un aterrorizante berrido. Y, enseñándoles la garrota, las dejó firmes y quietas.

—¡Habrase visto! —nos dijo—. Vaya par de tontas, estas nietas.

Castigadas, cada una en una silla, nos tuvo sentadas, obligándonos a pedirnos perdón entre nosotras.

Esperamos, sin decir chitón, a que llegara nuestra abuela por orden severa de mi abuelo, que parecía haberse convertido en un general de buenas a primeras. Nos amenazó con llamar al hombre del saco. Ese que, dicen, se lleva a los niños que incordian, dan la lata y no hacen caso. Nos recordó que nos revolvería en el saco con arañas y sapos y que, cuando le diera hambre, nos comería con sus dientes de lana de un solo bocado.

Cuando mi abuela regresó, ya lucíamos serenas. Y nos dejó claro, la jefa, a mi prima y a mí, que habríamos de pagar nuestra pelea de nenas mientras, a mi abuelo, el culo le doliera.

La suerte nos cayó del cielo. Como mi abuelo, de general tenía poco, se le enterneció el corazón al vernos desangeladas y mudas como estatuas. Se acercó a nosotras rascándose el trasero y nos levantó el castigo diciendo:

—¡Una vez y no más, santo Tomás!

Tras la tregua del rifirrafe, volvimos a nuestros juegos, sin tener en cuenta las heridas de guerra.

Llegó el lunes y, de nuevo, me quedé a la sombra de mis abuelos.

Qué buena sombra aquella,
que aún, hoy, la llevo puesta.

MARÍA Y LOS CHISMES

*L*as semanas corrían tan ligeras como el agua que se desplomaba por las vertientes hasta llegar río abajo. María pasó las fiebres de los siete males. El señorito Mariano la perseguía por todas partes, la elogiaba con su palabrería de galán, le dedicaba sonrisas comprometedoras, le pedía plática a todas horas, se le ofrecía *pa tos* los mandaos que hubiera para ella, y se le aparecía, como un fantasma, por cualquier rincón. El señorito le salía hasta en la sopa y ella ya no podía soportar tanta tensión. María se negaba a todas sus pretensiones con mucha educación. Él era un niño de cuna, hijo del señor Sebastián, un terrateniente muy poderoso afincado en Jaén, con mucho poder a sus espaldas. Era sabido que pasaban largas temporadas en Granada. Sus abuelos fueron, en sus días, cultivadores de caña de azúcar, y elaboraban un ron delicioso. Ostentando los títulos nobiliarios de marqueses, habiendo sido su abuelo grande de España por nombramiento del rey de aquel entonces. La señora Candelaria no se quedaba atrás, su padre había sido vizconde y se dijo que la boda con Sebastián, padre del señorito Mariano y Candelaria, su madre, fue un arreglo de conveniencia para potenciar los patrimonios de ambos. También el de don Fulgencio y la señora Carmela. Claro que, como era lo habitual, nadie echaba cuentas a esos apaños.

María le dijo al señorito Mariano, mil y una veces, que mirara para otra parte, que ella no era para él. Pero él insistía como una mosca pesada en la hora de la siesta.

—¿Eso quién lo dice y por qué? —le preguntaba a María.

—Porque lo digo yo y con eso ha de bastar —le contestaba ella, más seria que un juez dictaminando sentencia.

Aún a sabiendas de sus respuestas, el señorito no daba su brazo a torcer e insistió, volviendo a las andadas una y otra vez. Los cotilleos se esparcían en el pueblo como la pólvora. ¡Qué digo pueblo! El runrún iba de boca en boca y hasta se había expandido fuera de las tierras de la comarca. La gente chismorreaba diciendo cosas feas que a María le dolían en el alma, despertando en ella una explosión de sentimientos que la hacían sufrir por no ser ciertas. Se decía que la hija del Francisquillo se había *echao* a los brazos del hijo del poderoso Sebastián. «¡Qué infeliz, la María!», «¡habrase visto cosa igual!», «¡si no tiene donde caerse muerta, ande va!», «¿qué se creerá?», «¡si la Flora levantara la cabeza!». Y así era todos los días, uno detrás de otro. María evitaba bajar al mercado de los viernes siempre que podía. Ya no sabía qué excusa ponerle a la señora Carmela. Acercarse a los puestos ambulantes del mercadillo era un calvario. La gente se burlaba de ella, la señalaban con el dedo y ella ya estaba más que harta de tanto pitorreo.

En una de las veces en que se le acercó el señorito Mariano (*pa* saludarla *na* más), le arreó una *bofetá* que lo dejó vuelto *pa tras*.

—¿Y esto a cuento de qué? —preguntó el señorito agarrándola de las muñecas y trayéndosela dos palmos hasta él.

—Esto a cuentas de las burlas y las tretas, y por los cotilleos que rulan por *to* el pueblo. Que ya le he dicho que no, que no y que no. Y parece tonto, el señorito, ¡que no me entiende! Y es *pa* que me entendiera —le espetó María mientras lloraba a grito *pelao*, sin poder esconder la mala saña, que escupía su mirada.

—La que no entiende *na* eres tú.

María lo miró fijamente y él añadió:

—Sí, tú, tú, tú...

El señorito Mariano y la María se enzarzaron en una riña que no pasó desapercibida. Acudió, enseguida, la Dolores, chistando y diciéndoles que hablaran a bonico. Osease, que se callaran, ya que la estaban liando parda y se avecinaba una gorda. Allí apareció *to* quisque, y María, sin decir ni mu, cogió *toas* sus cosas, que eran bien pocas y se fue a paso ligero *pa* las sierras, donde estaban su viejo padre y su vieja alquería. Cuando llegó se abrazó a su padre llorando como una madalena y su padre la recibió diciendo:

—¡No seas tonta, María, que en esta vida, *tó* tiene arreglo, hija mía!

***

---

*D*e todos los cuentos que me había contado mi abuelo, este despertó en mí un sentimiento de congoja que a mis casi seis años, recorrió todo mi pequeño cuerpo de una forma extraña. Poco sabía yo de amoríos en aquel entonces, pero la fantasía emergió en mí en aquel momento. Imaginé a un príncipe azul, retenido en las páginas de un cuento, preso sin poder salir de ellas, cuando sus ganas eran echar a correr tras su princesa, que había salido del libro a zancadas.

Los sentimientos no se ven,
no se tocan,
no puedes besarlos, tampoco abrazarlos.

Los sentimientos no se alcanzan.
Los sentimientos solo los puedes sentir.
Son ellos los que aparecen de repente y sin avisar.

Te abofetean, te hieren, te duelen.
Te hacen cosquillas cuando se despiertan,
y, si ellos quieren,
te acarician y, hasta de amor, te matan.

Cuanto más iba conociendo a María, más consciente era de lo complicada que podía llegar a ser la vida de los adultos. Más que ser complicada, era el propio adulto el que se enredaba en un bucle lleno de dificultades del cual parecía no querer salir. ¡Qué ilusos! Con lo fácil que es decir un no o un sí y dejar que las emociones e ilusiones fluyan sin más ni más. Mi percepción al entendimiento era distinta. Los adultos tomaban decisiones precipitadas y escondían sus verdaderos sentimientos. Yo no podía negar el amor que les tenía a mis abuelos; aunque, en ocasiones, me regañaran. Tampoco abandonaría nunca a Canelo, a pesar de que en ocasiones pasaba de mí de una manera bárbara. Claro que, el enamoramiento, sería cosa distinta y, en niños, no se conocía ese mal, que enfermaba sólo a los adultos.

María había crecido rápido en los cuentos de mi abuelo; yo decidí no tener prisa por crecer. Me gustaba ser niña y no quería que nada complicara lo que para mí era una vida perfecta, con unos abuelos perfectos y un perro, excepcionalmente, perfecto. ¿Crecer? ¡Qué pereza!

Sin prisa por crecer, me hacía mis propias cábalas para tratar de encontrar la lógica y el razonamiento.

Si María era una princesa y el señorito Mariano un príncipe, estaba por ver si serían felices y comerían perdices.

Me acerqué al enfaldo del halda de mi abuela y enrollé mis brazos a su cuello, dándole besitos en el mentón.

—Abuela, ¿tú sabes si María se va a casar con el príncipe Mariano? —le pregunté a mi abuela con la certeza de que ella lo sabía.

—Eso te lo ha de desvelar tu abuelo, que es el que lleva las riendas de la historia. No habré de ser yo, sino él, quien te dé a conocer el desenlace final —me dijo.

—¿Pero tú lo sabes, abuela? —insistí.

—¿El qué? —me preguntó ella.

—¡Si se casan de verdad, abuela! —le deje caer.

—¡Ah, eso! —Y ya no me dijo más nada. Con el gesto tuve bastante. Mi abuela ni pinchaba ni cortaba en aquella historia, era mi abuelo el que sujetaba las riendas y, si quería descubrir el final, no era otro, sino él, quien me lo habría de descubrir.

En aquel preciso momento, mi abuelo hizo acto de presencia.

—Mira, *marío*, llegas como pedrada en ojo de suegra. Ven y siéntate a la par nuestra y sigue con el cuento de la niña María. Tu nieta quiere saber, y yo también. A ver qué nos depara el capítulo de hoy, ¿gozo en tragedia?

Mi abuelo nos sonrió a las dos y se colocó en medio de nosotras. Encendió un celtas y empezó el relato.

—Hoy María no quiere hablar, se ha cerrado en banda.

Habla y libérate de la arrogancia,
el orgullo trae perjuicio.
No calles e imponte a la soberbia.
Callar te hará ser prisionero
de tu propio sufrimiento.

MARÍA NO QUIERE HABLAR

 aría había vuelto a la alquería y a su *bregaera* de antes. No quería echar la vista atrás y, mucho menos, agarrar congoja pensando en todo el revuelo que se había montado. Sin comerlo ni beberlo, la tortilla se había dado la vuelta sin que ella apenas se diera cuenta. Había logrado agarrar trabajo en un cortijo. Y no era cualquier cortijo, sino que trabajaba en el mejor cortijo de todos: el cortijo de los Valientes. Se dotaba de salud para trabajar, y no olvidaba que tenía un padre anciano al que cuidar y no descuidar, aunque este se manifestaba más fuerte que un toro para casi todo. No es que el Moreno, que así se apodaba por ser de piel *tizná* la estirpe de sus antecesores, anduviera para tirar cohetes en sus exiguos quehaceres. ¡Ni mu allá, que digamos! Pero a su chana chana, se iba mañeando, el hombre, para el poco arreglo que precisaban sus menesteres. Pues Francisquillo se arreglaba con bien poco.

Donde la candorosa María creía que había encontrado una estabilidad, de un zarpazo volvía a encontrarse en el mismo punto de partida. Sin trabajo, *desansia* y cansada de trabajar de sol a sol *pa* poco beneficio. Bien dicho, ninguno. Y con la carga de un anciano padre a las espaldas. La vieja alquería y la pobreza que habitaba en ella la habían traído de vuelta. Como un remolino de viento devuelve las hojas secas al tronco de su árbol, para que abriguen la tierra seca. Sin saberse cómo, las cosas tomaban copero y pronto se armaban los *desaguisaos*, *pos* no estaba previsto, por parte de la María, que pasara lo ya *pasao*.

Llevaba muchos días aislada del mundo. No quería hablar ni escuchar a *naide*. Apenas habría la boca para hablar con su padre y comía menos que un pajarico *lisiao*. Habían venido a verla la

Dolores, y doña Carmela. La Dolores pasaba, sin falta, todas las semanas, bien tempranico, para cotorrear un rato. Aprovechaba que le pillaba de paso cuando se recogía *pa* su casa, en el descanso de los domingos, y hacía un alto a ca María *pa* descansar las piernas. Hablaban de lo *escasico*, dándole a *to* un repasillo ligero. *Oséase*, de *to* y de *na*. María le tenía terminantemente prohibido a la Dolores que le hablara del señorito. ¡Bien podía cuidarse de hacerlo! La Dolores hablaba como una cotorra *acelerá*, pero ni mu le decía del señorito Mariano. ¡Bien que se prevenía de no hacerlo! Ella quería mucho a María, hasta el punto de considerarla como su mejor amiga. Ambas, hijas únicas, eran como hermanas.

La Dolores era tan basta que ni amigas de su tiempo tenía. Todas eran viejas en edad y *estrastornás* como ella. Ligeras de mollera. A las demás, las *espachaba* a *toiscas*, porque eran mu *sabeoras* y entrometías. María era diferente. Fue la primera amiga de verdad que tuvo. Seguramente, la primera y la única. ¡Qué buenas se las trajo y se las traía, también, la Dolores! Entre lo basta y lo bruta no había quisque que se le acercara porque le temían como a la vara verde. Tenía contestación *pa to* y *pa* tos. Y no se mordía la lengua *pa na*. María sabía llevar a la Dolores y se entendían a las mil maravillas, aun teniendo, de uvas a peras, alguna trasquilada contienda entre ellas. Las dos eran de tener genio, y más buenas *quél* pan. Había que tener *cudiao* con ellas porque, si era preciso, mordían como comadrejas. Una con otra, por lo general, hacían buenas migas.

La señora Carmela hizo el intento de ver a la María tres o cuatro veces, miaja más o menos. María se había cerrado en banda y no quería hablar de *na* con *naide*. Pedía que se la dejara tranquila. Y ya está. Y del señorito Mariano no te digo más. Ese sí que fue a verla, un día sí y otro también. Pero María lo recibía siempre igual. Unas veces a *patás* y otras a *pedrás*. María tenía muy *clarico* cuales eran sus orígenes. Estaba muy arraigada a ellos y se empecinó hasta la saciedad negándose a emparentar con la alta sociedad.

«¿Qué pinto yo en la vida de ese señoritingo *estirao* de tres al cuarto? A lo mejor se cree que me iba a caer yo redonda a sus brazos, ¡con lo creído que se lo tiene!, ¡faltaba más!», pensaba la cabeza *discurridora* de María, sin dejar de cavilar un instante. Eso no podía ser. Y ya. Pero María no podía arrancarlo de su pensamiento. Su cara, su porte, su voz, su olor, y esas cosquillas que bullían en su barriga, que hacían brotar de su enfado con el universo, una sonrisa de entre sus mejillas.

***

TEXTO NOVENO.

Cuando mi abuelo terminó de contarme este fragmento del cuento me quedé pasmada en el silencio, que se hizo presente en aquel momento. Qué difícil era eso de quererse y no quererse. Y cuánto jaleo revuelto engendraba aquella historia que me tenía atrapada en su enredada telaraña. Ahora te quiero y ahora no te quiero; que si quiero pero no quiero. O, del revés, que no quiero pero si quiero. Puff, qué lio!

O era yo, que andaba algo despistada de los tiroteos y no los entendía a ellos, o eran ellos quienes no se enteraban para nada de nada. Sea como fuere, mi abuelo enredaba la lana y a mí me quedaba lejos tanta madeja. Aún me faltaba un largo trecho hasta llegar a entender la ecuación de tanto amorío.

Mi abuela se quedó perpleja mirando a mi abuelo una vez que dio por finalizada su militancia, al cerrar el cuento.

—¿Qué culpa tengo yo de que estos anden con rifirrafes? —dijo mi abuelo, dedicándole a mi abuela una mueca de complicidad.

Sea como fuere que hubiera sido, la suerte poco le sonreía a María. No supe encajar el comentario cerrado de mi abuela al reprocharle a mi abuelo, con la mirada, la desdicha y actitud de María. Yo tampoco entendía el porqué del asunto en sí, pero de ahí a que mi abuelo fuera el culpable había un lapso que a mi abuela la dejo en lapsus.

Cuento tras cuento, me había enganchado a aquella historia. María se estaba ahogando en un vaso de agua y, en ocasiones, parecía nacer en mí el querer ayudarla, echarle un capote y tirar de ella para que se *desenreara*. ¿Pero cómo hacerlo? Como bien me había explicado mi abuela, era mi abuelo quien tenía el toro agarrado por los cuernos, y solo él conocía el desenlace de aquella historia fragmentada en sus cuentos.

De igual manera que yo, mi abuela se había dejado seducir por la labia que mi abuelo desprendía al relatarnos la vida de María. Mis pesquisas me hacían sospechar que ambos eran sabedores de aquel teatrillo que falaba mi abuelo, a su manera. Mi abuela se dejaba llevar por sus encantos al narrar el romance de aquellos dos zagales.

—¿Cómo andamos de mal de amores hoy, *marío* mío? —le dejo caer mi abuela a mi abuelo, como quien no quiere la cosa.
—Si quieres te digo, mujer. Llama a Rosita que empiezo.
Y así comenzó a referirnos el próximo cuento.

MARÍA Y EL MAL DE AMORES

María madrugó mucho el viernes por la mañana. La vieja Silvina vivía en lo alto de la loma, sierra arriba, donde el Cerro del Diablo. La llamaban la Momia porque parecía un escuerzo. La *cortijá* estaba derruida y decían que *embrujá*. Apenas se sostenían en pie cuatro paredes mal trazadas, que le daban un aspecto tenebroso al lugar. Sola, con un par de perros enclenques y una docena de gatos chupaos y secos como el humo, era una ermitaña que huía de tener cualquier contacto amigable con la gente. Quedó viuda ella mil años atrás. O más. ¡En los tiempos de María Castaña! Se murmuraba por ahí, que, cuando se murió de un *lengue* el *marío* que tenía, Venancio, lo enterró ella sola, sin avisar a *naide*, ni gentes ni curas. Solo ella y el mismísimo diablo lo enterraron bajo la tierra y escupieron, como Judas, sobre la tumba. Le dio sepultura en la esquina de la casa, donde las malvas y la retama brotaban como la mala hierba. Las flores amarillas nunca faltaban entre los *caillos*, que se erguían como condenaos y crecían como fieras. No anunció la necrológica de su muerte porque pensó que *¿pa* qué hacerlo saber? Y porque estaba *disgustá* con la iglesia a gran escala. ¡Con la iglesia hemos topao! Pero eso es otro cantar en el que no nos vamos a *enfiscar*, ahora vamos a lo que vamos, que me salgo del tiesto y me voy *pa* los cerros de Úbeda atajando. Sus motivos tendría la mujer *pa* andar arisca con la iglesia.

—Despés de una vida sufrida, donde la carestía estuvo siempre presente, para qué querías mostrar un cuerpo muerto a quienes apenas lo conocían —se dice que le dijo la Silvina al cura cuando vino a presentarle las quejas por no darle cristiana sepultura. Es sabido por *to* quisque que el cura salió por patas, como un gato *escardao* a *barazos*, y que nunca más volvió a la casa de la

Silvina porque lo dejó *sentenciao*. Y a quien vino a preguntar cuál fue el motivo que se llevó a Venancio, lo mandó a tomar viento, echándolo de su casa a *vestrugazos*.

También se dice porque nunca se equivocó al presagiar, que predecía la muerte cuando dormía. *Pa* muchos era cosa de mucho respeto. El pobre infeliz que la visitaba en sus sueños, caía como un grajo en los días siguientes. Eso si el deceso no era de inmediato.

También se decía, entre los jovenzuelos, que cuando aullaban los lobos, aparecía el marido muerto por las sierras. *Enjatao* y cubierto de pelo, en busca de sangre y casquería. Con una hoz en una de las manos y una *mameta esqueletizada* en el rostro, que horrorizaba verla. ¡Na más mirarla te morías! Se picaban los mozos entre ellos y, como una banda de getas, se divertían echando apuestas con el yuyu a tope de adrenalina en la barriga. Con azadas, facas, piedras y palos se envalentonaban sacando pecho palomo, yendo como machotes a buscarlo, a camisa descubierta. A más de unos cuantos les llegó a dar un patatús confundiendo los zurríos de la noche con el difunto Venancio. Pobrecico, él durmiendo en su tumba, y los ignorantes buscándolo a oscuras en las sierras y *esforriaos* de miedo. Además, dispuestos a que les diera un *apechusque*. ¡Cosas de jovenzuelos, no más!

La vieja parecía que hubiere hecho un pacto con el diablo. A sus noventa y seis años, caminaba ligera como las liebres y parecía tener menos años en el semblante que en los huesos.

Le había pedido el favor a María para que la ayudara con algunas cosicas, cosa inusual en ella. La miel de las abejas se le acumulaba, ya no sabía qué hacer con tanta cera de abeja, y era una pena que se echara al desperdicio la jalea real. A pesar de tener dos buenas piernas para caminar, no eran tan buenas para bajar al pueblo cargaica como una burra, ni andar de aquí *pa yá*. Los años no pasan en valde. Silvina andaba *corbá* y apoyaba sus manos a una *vestruga* para ayudarse con las piernas. La hija de Francisquillo habría de llevar la miel al pueblo, dejar una poca en ca la tienda de la Isabel, y a los marchantes que acudían al mercado semanal que se celebraba en las orillas de la rambla, también habría de tantearlos, para venderla y darla a conocer en otros lugares. Había que darle salida a la miel y recoger algunas monedas. La jalea real se la quedaba Jacinto, el boticario, y su esposa, Casilda, que era practicanta. La cera de abeja se la quedaba el sereno. Él mismo iba de casa en casa, revendiéndola, *pa* ganarse un extra, que bien caía al bolsillo. Las había aromatizadas, esas eran las más demandadas por las amas de casa. Con esencias de romero, tomillo, lavanda, albahaca, salvia, estragón, perifollo, laurel, cebollino y cilantro. Las más demandadas eran las de aroma a albahaca púrpura y las de flor de romero. El párroco se quedaba con parte de la cera virgen para los cirios y, el resto de esta, se la apropiaba Jacinto para elaborar cremas para tratar los problemas de las pieles. Silvina trabajaba estos menesteres como nadie, siendo sus productos de una pureza y calidad extraordinarios. También elaboraba jabones caseros, Casilda le encargaba grandes cantidades para el aseo personal, todos los que entraban en la botica se vendían *na* más llegar.

María llegó al *chambao* de uralita en la puerta y la vieja *chepá* asomo la cabeza por el ventanuco, apartando el viso con el *vestrugo*. Cuando vio que era María, abrió el postigo y salió afuera. A María le pareció ver a un espectro *escuchimizao* más que a una vieja. Hacía tantos años que no la veía que se sorprendió al tenerla enfrente. Parecía un chichipán *esjalichao*. Su voz sonaba derrengada y sus ojos, enrojecidos, se escondían, hundidos, debajo de sus descuidadas cejas aviejadas.

Pese a ser huraña, a María le cayó en gracia. Se echó la *sera* a las espaldas y atendió con mucha condescendencia a todo lo que la Silvina le pidió que hiciera. María traspuso, bajando por veredas y senderos para acortar el camino. Cuando llegó a la parte más baja de la sierra, se detuvo antes de cruzar el camino que dividía la rambla en dos ramales. Fijó sus ojos al polvorín que se levantaba entre los cabezos y pensó por un instante que sería el Tío Andrés, que bajaba chivos del pastor al mercadillo en su carreta. Pero resultó ser que no. Enseguida vio asomar el morro alargado del Mercedes Benz 540k de los padres del señorito Mariano. María dio un bote y, con la astucia escapista de un gato montés, se solapó detrás de un junco. Se quedó en cuclillas y esperó, asustada, a que pasara el estruendoso ruido envuelto en polvo. María vio pasar ante ella a los señores Sebastián y Candelaria. Probablemente se regresaban a Jaén. O, quizás, a Granada. O tal vez a la Mancha donde los molinos de campos de Criptana.

«¿A saber?», pensó María. «¡Me ha de dar igual!», se reafirmó a ella misma. La parte trasera de la berlina iba llenica hasta las trancas de equipaje. No pasó ante ella un solo coche, fueron dos. El joven que le había robado sus primeros besos en las mejillas, y sus primeras cosquillas, pasó también ante ella conduciendo un radiante Mercedes Mannheim 370s descapotado, del treinta y dos. El amor de su vida desapareció entre el polvo que levantaban las ruedas del automóvil bicolor grana y vainilla, por la senda abajo. Y María sintió un pellizco desagradable en su barriga, que arrancó de cuajo las pocas cosquillas de la felicidad que se hallaban en ella. La zagala se había *enamorao* del señorito, aunque ella no quería admitírselo. En pocos segundos María se dio cuenta de que su corazón sufría como nunca lo había hecho antes. Ella no quería lujos ni alhajas, tampoco quería hacerse de renombres que la despojaran de sus andaduras. Ella era pobre pero, ande quiera que iba, honrada. Y con la cabeza bien alta por ser quien era. Comenzó a sentir su mal de amores y lloró hasta que se le acabaron las lágrimas. Se levantó del suelo y se sacudió mientras maldecía la miseria que la rodeaba en medio de aquellas cumbres, sin saber por qué. Ni para amar le daba la vida. ¡Era tan desdichada!

***

TEXTO DECIMO.

*L*os cuentos de mi abuelo se habían convertido en una programación diaria que ninguno de nosotros quería perderse. Ahora que mi abuela se había sumado como oyente espectadora, no solo tenía que amoldarme a la disposición de mi abuelo, sino que también tuve que adaptarme a la distribución de las tareas de ella. Tengo que admitir que me jorobaba un poco tener que esperar más de la cuenta para saciar mi curiosidad para con María. Pero saber esperar era el secreto para tener paciencia, y las historias de mi abuelo eran más bonitas cuando se hacía presente la compañía de mi abuela. Los tres juntos configurábamos un triángulo perfecto.

Había que dar por supuesto que la jefa de la casa no era otra que mi abuela, teniendo, mi abuelo y yo, que estar firmes a las órdenes de ella. Mandaba más que un sargento. Siempre se ha dicho que donde manda capitán no manda marinero, y ni que reafirmar hay, que la capitana era mi abuela y un par de servidores los marines. Más derechos que una vela. Sin contar a Canelo, porque él iba más por su cuenta y riesgo.

El último relato de mi abuelo dejo a María en cuclillas, llorando, la pobrecita, sin consuelo. Y con el corazón roto por los suelos. Cuando mi abuelísima lo creyó conveniente, nos dio carta blanca para comenzar el próximo cuento. ¡Menos mal que se hizo la luz después de tanto esperar! La vecina había venido a por huevos y no paraba de platicar y platicar. Mi abuela le bailaba el agua y la tarde se iba esfumando al ritmo acelerado de los celtas de mi abuelo. ¡Qué pesada la Herminia! A este paso nos daban las horas de cenar y, conociendo a mi abuela, nos quedábamos yo sin cuento y, mi abuelo, sin contar *na*. Mi abuelo y yo nos mirábamos con cara de circunstancia y tanta platicadera nos tenía al borde del desquicio. Cuando, por fin se despidió Herminia de mi abuela, bajó la sensación de turbación que se estaba apoderando de mi abuelo y de mí.

Se acercó mi abuela a nosotros sacudiéndose el mandil. Se sentó al lado nuestro y dijo:

—Da comienzo, *marío*, que en pocas y se va hoy la Herminia de aquí. ¡Qué tostón de mujer! —habló—. ¡Ofú! —resopló, seguidamente. A mi abuelo y a mí nos entró la risa floja en los huesos y se nos escapó una risilla pecaminosa por entre los dientes hacia fuera. Canelo ladró moviendo la cola de un lado a otro, hasta que la vecina se alejó considerablemente. Entonces, mi abuela añadió:

—¡Ea! Hasta el perro se pone contento de ver que se va la Herminia *pa* su casa. ¡Con lo maja que es y lo cansina que se pone la probetica! Ven acá, Canelo

Y el perro se acercó, sentándose en el suelo y colocando una pata en mis rodillas. Parecía uno de esos leones que presiden a las puertas del congreso. Miró a mi abuela y soltó otro ladrido. Mi abuelo dio comienzo a un nuevo cuento.

UNA NOTICIA INESPERADA PARA MARÍA

*L*a desdicha de María se había convertido en cosa habitual. Las mozicas del pueblo paseaban por las plazas y se reunían por las callejuelas a pelar la pava. María no tenía, ni pava *pa* pelar, ni ganas. Trabajaba de lunes a lunes y solo hacía un receso los domingos en la mañana, cuando la Dolores la visitaba de buena gana.

Uno de esos domingos, la Dolores tocó a su puerta antes de romper el alba.

—María, María, Mariquilla —voceaba.

María abrió el cerrojo de la puerta con cara de susto y muy alterada.

—¿Qué pasa, Dolores, que vienes tan *agitá*, alma mía?

—*Pos* que va a pasar, amiga, que hay una cosa que te tengo que contar.

María le preguntó qué era lo que la traía *atragantá* y con mala *respiradera* y le suplicó que hablara en el suspense del espasmo que traía, que había llegado dando voces y, al verla, se había quedado con la voz atada a la garganta.

La Dolores se quedó más blanca que el papel de fumar y más muda que una estatua con la boca *pintá*, al ver a la María.

—Desembucha, Dolores, ¡por los Dioses del silencio, que me tienes *preocupá*!, ¡ni que te hubieras comido al Horus en la Alejandría! —le dijo la María a la Dolores dándole un zarandeo por los hombros con la intención de desbaratar el silencio y que escupiera lo que fuera que trajera con ella.

—Que se casa el niño Mariano, María. ¡Osú!, ¡que *bregaera*! Que no me lo podía callar. ¡Que si no te lo digo reviento y no sabía cómo explotar! —*gomitó* la Dolores por su boca, quedándose *descuajeringá* la María al haberse puesto en conocimiento de semejante nueva.

María se quedó como si en su cabeza se hubiera roto un jarro de agua fría. La noticia que había gargajeado la Dolores fue inesperada, dentro de lo que se cabía esperar en un antes o un después. Se hizo el silencio, encarecido, en el rostro de la hija de Francisquillo, y sus ojos se cerraron al mismo tiempo que ambas se rindieron en un abrazo. Lloraba María y lloraba la Dolores. María no se podía creer lo que le estaba pasando. Si ella no quería saber nada del señorito Mariano, ¿a cuento de qué venía a caerle tanto llanto por la cara abajo?

La llantera les duró a las dos un rato. María se sonó la nariz y se limpió las lágrimas con un andrajo que llevaba entre las manos.

—Dolores —dijo mirándola fijamente con los ojos como platos—. De esto ni una palabra a *naide*, tú a mí no me has dicho *na*, ¿te queda claro? A mí, el señoritingo este de cuatro pelos ni me va ni me viene y, es más, sabido es que no me conviene. *Pa* mí estaba, y está, muerto y *enterrao pa* siempre. ¿Estás? —añadió sollozando sin poder contener la llantera. La pobre Dolores lloraba de tristeza. El señorito no era *pa* la niña María, él era príncipe, y ella era más dada a ser solo plebeya.

No cuajó el amorío del Mariano con la María. Ella, enteramente, no quiso; porque el romance era como una de esas novelas que escuchaba la señora Carmela en la radio, a escondidas. De haber querido la Mariquilla al señorito Mariano, otro gallo les cantaría. No será porque él no lo había intentado de veces. Ellos se querían mucho, como la trucha al trucho, y como el sardinero a la sardina. «¿Entonces?, si tanto iba el cántaro a la fuente por qué no había dejado, la terca de María que se rompiera en tropecientos cachos?», se preguntaba la Dolores sin encontrar la explicación al por qué de aquél desperdicio.

En el pueblo, la noticia cayó como una bomba de relojería. No se hablaba de otra cosa. Uno de los hijos del ponderoso Sebastián se casa con una de las hijas de un juez almeriense. Las nupcias se celebrarán por todo lo alto y acudirán al festejo los grandes de España. Hasta se rumoreó que, de otros países, acudirían gentes de altos mandatos. María estaba hasta la coronilla de tanto oír hablar siempre de lo mismo y más de la misma cosa. El bodorrio se había convertido en un aquelarre para María.

—¿Acaso habría de tener tanta importancia una boda? —le dijo María a la Dolores al tiempo que subían juntas desde el pueblo hasta las lomas. Se hablan sentadas en el pedrusco de siempre para coger aliento y seguir subiendo sierra más desahogas. —María, lo que tú no has *querío* es de saber que se quedaba *pa* otra. El señorito Mariano es un buen partido, y era de saber, también, que se lo rifarían hasta que lo pescara alguna de las muchas que tenían puesto el anzuelo. Y, ya sabes, las cosas de los señoríos toman compete y no hay quien lo pare. De aquí a que llegue el bodorrio, no oirás hablar de otra cosa *na* más que del oso y de la osa.

—Pues a otra cosa, Mariposa —dijo María, levantándose de un salto.

—¡Eso! A un rey muerto, ya mesmo otro en su puesto —dijo la Dolores

—¿Qué dices, alma de cántaro? —preguntó María con cara de parsimonia.

—*Pos* digo lo que es, María. Si al señorito Mariano lo tienes más que muerto y *enterrao*, que me las dicho tú con esa mesma *boquica quel* Señor *ta dao, pos* se *quea* la vacante *pa* que otro venga a zurearte la oreja, ¿o no? —dijo la Dolores, quedándose tan fresca, ella. —Anda, Dolores, anda y calla, que cuando abres la boca sube el pan a un quintal. ¡Tú y tus genialidades! Anda, anda. ¡Habrase visto disparate similar! —se dejó decir María, mirando a la Dolores con cara de espantapájaros y unas tremendas ganas de soplarle un par de tortas bien *das*.

***

Texto undécimo.

$\mathcal{M}$i abuela y yo escuchamos a mi abuelo hasta que este dio por finalizado. En el transcurso de su narración, observé que mi abuela se despistaba de vez en cuando. Su atención se desviaba con la mirada, siguiendo a una gatita rechoncha que desfiló ante nosotros entrando y saliendo de la casa. No nos era familiar, tal vez se había perdido. En un principio, pensé que mi abuela la echaría de casa a escobazos. Solo Canelo tenía el beneplácito para entrar y salir a su antojo de todos nuestros aposentos. Por otro lado, también pensé que podría estar enferma. Posiblemente con dolor de tripa, por su hinchazón y porque al maullar, parecía resentirse en la entonación de sus maullidos.

Entró y salió de casa, cruzando la puerta una vez y otra, hasta que dejó de hacerlo quedándose dentro. Cuando mi abuela se levantó, nos dijo:

—Esa gatica está buscando cobijo. Por un momento, confundí cobijo por botijo y me adelanté a darle agua para beber. Al acercarme a susodicha preciosidad, sació su sed, que era poquilla y se dejó acariciar por mí como si nos conociéramos de toda la vida. Dejó su cuerpo inquieto quieto por un momento, y cerró sus ojitos de fierecilla para echarse un leve sueñecillo. Intenté que comiera un poco, sin éxito, tras múltiples intentos.

Después de cenar, Canelo y yo nos dimos las buenas noches, mi abuelo se quedó platicando con mi abuela y Pelusa parecía que estaba sumida en un dulce sueño.

A la mañana siguiente amanecí con los ladridos de Canelo. Al despertar, di un brinco de la cama y corrí en busca de la gatica, nada más poner los pies en el suelo. Desgreñada y legañosa, me acerqué a mi abuela y le pregunté por la gata.

—No ha de andar lejos —me dijo mi abuela besando mi frente con un dulce beso—. Ve a lavarte las lagañas de esa cara, y péinate, lo primero, esos pelos desatinaos antes de que te vea nadie, ¡que estás un chorro de fea! —añadió mientras me miraba con su cara angelical, atrapada en una ferviente sonrisa, entre olores a leche caliente y repostería casera. Desayuné sin prisa alguna. Di tantas vueltas al cacao que añadí a la leche con la cucharilla, que se diluyó hasta quedar más mareado que una peonza, y tardé mil siglos en terminar la torta de naranja que había horneado mi abuela para mí.

Mis minúsculos mordiscos eran desganados, y parecía que se apoderaba de mí un sentimiento de tristeza al no tener noticias de la pequeña Pelusa. Me hice cientos de preguntas a las que no pude responder. ¿Dónde estaba la gata?, ¿por qué estaba la tarde de antes en nuestra casa?, ¿quién era su dueño?, ¿qué había sido de ella?, ¿por qué se había marchado y dónde?, ¿volvería?, ¿sería posible adoptarla?

Mis adorables abuelos trataron de animarme y me explicaron que todos somos libres y que andamos de paso, conociendo a seres entrañables al recorrer nuestros caminos.

—Los gatos son seres de libertad, son nómadas y no se pueden retener contra su voluntad —trató de hacerme entender mi abuela—. Además, Pelusa, como tú la llamas, es más que probable que ya tenga un hogar, también cabe la posibilidad de que esté buscando un lugar para vivir o, simplemente, que haya querido venir a verte para conocerte—dijo. Y añadió—: ¡Ah!, ¿tú no te has dado cuenta?

—¿De qué, abuela? —pregunté a su interrogante.

—De que esa linda gatita traía con ella un secreto —me susurró, limpiando la puntita de mi nariz con las yemas de sus dedos.

—Yo no vi ningún secreto en ella —contesté.

—¡Claro que no, Rosita!, porque los secretos no se ven, de ahí que sean secretos —contestó.

Me quedé pensativa bajo la mirada de mi abuela. La gata se había ido sin despedirse de mí, y ahora resultó que trajo con ella un secreto que también se llevó, sin que yo me diera cuenta. No solo me había quedado sin la gata, sino que también se había esfumado el secreto con ella. Mi abuelo debió de haberme visto tan pocha en aquel momento que, guiñando un ojo a mi abuela, se levantó y me agarró de la mano diciendo:

—¡Venga!, vamos a animarnos un tanto en cuanto. Acompáñame, Rosita, que vamos a aviar a los animales y en las horas del almuerzo, retomamos la historia de María con un nuevo cuento.

Y así fue, tras terminar las labores que correspondían a las tareas de la mañana, llegó la hora de repostar la panza y, para entonces, yo ya me había repuesto, en gran parte, de la ausencia de Pelusa y de su fugaz despedida.

MARÍA Y UN PAR DE ENCONTRONAZOS

*L*a boda del señorito Mariano se iba amasando lentamente. María trataba de mantenerse al margen y procuraba que los comentarios no le afectaran en la medida de lo posible. Los chismorreos no cesaban y, aun habiendo pasado casi un año desde que se supo la noticia, todavía había algún que otro ignorante que objetaba o la señalaba; sin tener ella vela en aquel lejano entierro. Había una similitud importante entre el señorito Mariano y María, pese al abismo que los separaba. Los dos eran educados y el respeto era un florecimiento que los engrandecía virtuosamente. Ambos eran de semblante comedido y hacían acopio del respeto honrando sus decisiones y respetando las contrarias. Vamos, que eran de ser de palabra, atajando, para ser claros rápido y pronto.

Como era costumbre, María bajaba al mercado todos los viernes, sin faltar ninguno. Uno de esos días, Mariquilla, como la llamaba simpáticamente la descocada Dolores, bajó cargada con la banasta llena de mieles, ceras, jaleas, jabones y quesos, un cestón de huevos frescos de gallinas y aves americanas. Y tomillo fresco cogido de las brencas del pedregal de la finca de la vieja Silvina, allá en el pico del cerro del grajo. Hizo entrega de todo a todos sus clientes, faltando por entregar tan solo unas decenas de huevos para dar por finalizada la ruta y regresar a casa donde su padre la esperaba de buena gana.

***

Al llegar a este punto, mi abuelo cedió la palabra a mi abuela y, esta, ni corta ni perezosa, le cogió el relevo sin pensárselo dos veces. Me miró y, al mirarla, me di cuenta de que el color de sus ojos dibujaba el azul intenso del mar. Cuando prosiguió la historia por donde mi abuelo se la había dejado, su voz y yo nos deshicimos en la inmensidad de su mirada.

***

Mi abuela prosiguió:

Contenta y a paso ligero, María dobló a su izquierda para salir de las callejuelas estrechas de puestos ambulantes, que ejecutaban un laberinto vivaracho a la vez que serpentino y poco diáfano. De repente, se vio de frente con una señoritinga requetebién vestida. Guarnecía ceñida de la cabeza a los pies, luciendo un busto con volantes en un agradecido escote. El vestido dejaba libres los tobillos para que pudieran verse un par de botines acordonados de piel clara, a juego con el traje de color verde menta. Llevaba redobles en las mangas, de codos hacia arriba, de color crema en el reverso. Sin poder ser menos, adornaba su cabello, recogido con un minúsculo ovillo de pelo y la raya en el medio de la cabeza, un tocado de plumas blancas y encaje rizado. Adornando un mini sombrero de copa inclinado hacia delante y vencido a la parte derecha. En el mismo verde oliva del resto.

Caminaba de manera elegante, como si se hubiera tragado una larga rasera de esas que se utilizan para menear las migas. Las caderas, al caminar, se deslizaban de un lado a otro como las elegantes yeguas del señor Sebastián; cuando paseaban a doma, mostrando con descaro un sinuoso baile de pencas. Sus ojos eran negros, como la oscuridad de la noche, y sus pestañas, tan largas y finas como los flecos de un plumero. Al cruzarse sus miradas, los labios de la señorita Teresa sonrieron a María sutilmente, como si se abriera entre sus pómulos una fresa carnosa y fresca, recién cogida de los suelos húmedos del campo al romper los cristales de escarcha en la mañana. María sintió como, en su garganta, se ataba un nudo que la dejo con la boca abierta y casi asfixiada. No conocía a aquella elegante dama de nada, pero al cruzarse sus miradas, sintió en su corazón, una punzada que hirió sus pensamientos sin saber por qué.

Una y otra caminaron en direcciones contrarias. María se quedó reventando por doblar la cabeza para salsear con la mirada un poco, o tal vez más. La dama causaba vértigo, su hermosura era vertiginosamente extraordinaria. Pero María se contuvo y siguió como si nada a su alrededor hubiera pasado. Por el contrario, la señorita Teresa si tuvo la osadía de parar unos pasos más adelante, y cuando lo creyó prudente, se giró estratégicamente echando una mirada al paisaje. No pudo evitar clavar sus ojos en la figura de María. Teresa sabía de antemano que no conocía a la muchacha que tenía, de espaldas, ante ella; pero al verla alejarse, una miaja de celos y envidia cubrieron su mirada como un telo que la absorbía endiabladamente. María desapareció ante la mirada girada de la otra. Como desaparece una preciosa mariposa, extendiendo sus delicadas alas en las melodías de un silbido en el viento, que sopla entre el ramaje de los árboles. Pavorosa y delicada, caminaba alzando sus pasos con una naturalidad y distinción que dejaron a Teresita con el orgullo lastimado, pensativa y con una pizca de prepotencia. Vio en la sencillez de María, un diamante en bruto que hirió de celos su orgullo. Y en el instante en que coincidieron sus miradas creyó ver a un ángel con la mirada perdida en el paraíso de los cielos.

Un tanto descarada, Teresa la observó, escarbando en su cabeza para intentar averiguar quién era la belleza que le hizo sombra al cruzarse con ella en la callejuela del mercadillo del pueblo.

Teresa puso del revés su cerebro. Si no conocía de nada a la desconocida, ¿por qué su cuerpo experimentó un endiablado y desagradable escalofrío?

María llegó a la tienda de la Isabel, y no pudo más que sentarse en el poyete que rodeaba la entrada y esperar a que el temblor que le recorría el cuerpo, disminuyera. Tenía la sensación de estar mareada, como si le hubieran soltado un jetazo en los morros y le hubiesen estrujado la cabeza. Respiró profundo en un par de ocasiones, dejando caer hacia abajo la cabeza. Echó su cabello hacia atrás con la punta de sus dedos, y dejó posar su frente en las palmas de sus manos anclando los codos en sus rodillas. El pelo, *esfaratao*, entre los dedos, caía, en cascada al vacío. Levantó la mirada hacia arriba al escuchar la voz de un varón que le preguntó de manera directa y con un marcado acento inglés:

—¿Se encuentra bien, muchachita?

María lo miró y se quedó con el «sí» atascado en la boca y comenzó de nuevo con la *temblaera*. En cuestión de décimas de segundo, se puso más *colorá* que la nuez de un pavo *zaravío* y su cuerpo tiritaba como si estuviera muertecica de frío.

—¡*Oh my god!*[1] —dijo el varón desconocido—. Parece que vieron sus ojos a un fantasma, muchacha. Hace tan solo un momento se le enrojecieron las mejillas y, de golpe y porrazo, se ha quedado su tez más blanca que la cal de esos pinotes de enfrente.*¿How ugly do I look?*[2] —preguntó esbozando una sonrisa y sin retirar sus ojos de los ojos de María—. Perdóneme el atrevimiento —añadió preocupado y regalándole otra preciosa sonrisa—. I am Yoel[3], y, si usted me lo permite, la acompañaré a su casa. Creo que no se encuentra usted bien, muchachita. Y temo que pueda marearse y caer al suelo, con la resulta de que pueda lastimarse. María negó con la cabeza y, seguidamente asintió con un sí, que se escapó de sus labios perdiéndose entre Yoel y ella. Yoel no entendía nada y, en el ¡chas! de un chasquido, María palideció. Al hacer el amago de levantarse, cayó en los brazos de él como un pañuelo de seda aterriza empujado por el viento al suelo. La canasta de huevos chocó contra el piso, rularon algunos, como canicas, por el pavimento y, otros cuantos, se quedaron estrellados

---

[1] Exclamación inglesa que se traduce como ¡Oh, Dios mío!

[2] ¿Tan feo parezco?

[3] Me llamo Yoel

a sus pies. Coplillas y Ceniciento, dos perros conocidos de la calle, lamieron todo, dejando el suelo limpio como una patena. No dejaron más rastro que los cascarones vacíos. Hasta los zapatos de Yoel y las alpargatas de María relamieron. Nemesio, el marido de la tendera Isabel los agarró por las raspas y, de un empujón, los aparto.

—¡Picho!, largo de aquí, ¡granujas perros estos!

María abrió los ojos, después de sentir unos golpecitos acariciar su cara por el tacto de unos dedos. Y, al despertar del vahído, su mirada se perdió en las pupilas de aquel hombre robusto que la sostenía entre sus brazos. Su mirada era penetrante, como un afilado alfiler clavándose en la carne. Sus brazos parecían anclas de barcos, de lo fibrosos y fuertes que se manifestaban. Los hombros se ensanchaban marcando una disminución perfectamente definida hasta llegar a la cintura. De pelo negro azabache, su cabellera se poblaba de forma informal, quedando perfectamente definidas unas ondas acompasadas y bien peinadas. María se sintió en los brazos de Hércules y, al despertar del desmayo, quiso volver a desmayarse, para quedarse entre los brazos del desconocido que la dejo extasiada en un sueño del cual parecía que su consciencia no quería despertar.

Yoel acercó a María a su casa. Esta no quiso que Zapriano, el médico del pueblo, le echara un ojo y descartara cualquier cosa mala. La acompañó también el tío Julián, padre de la tendera y primo lejano del padre de María, haciendo, así, de carabina. A ellos se sumó Casilda, la practicanta, que a su vez era hermana de Zapriano y su habitual enfermera. Pasó de manera casual por allí, justo al montarse el tropel. Siempre provista de su maletín de urgencias, los acompañó. ¡Por si se torcía la cosa y se terciaba algún contratiempo!

El padre de María se repuso también del susto, al verla llegar exhausta y con tanto acompañamiento. Sin pararse a pensar, pensó sin pensar, en lo peor. Una vez repuestos María y él, Yoel se despidió prometiendo volver. María parecía haberse quedado ausente y presa entre los carceleros ojos de Yoel. Francisquillo acentuó su atención en ella, captando enseguida el cautivo momento de amor que ambos disimulaban. Aquella María era una María distinta a la que se fue de buena mañana.

Él, que la conocía mejor que nadie, pensó, para sí, que un clavo saca otro clavo. Y, echando una risa por dentro a sus envejecidos y *dolorientos* huesos, se sentó en el sillón donde siempre lo esperaba la soledad. A diferencia de otras veces, esta vez, quien se sentó junto a él fue la felicidad. Por un largo rato, su anciano cuerpo le dio tregua y desaparecieron las dolamas, sintiéndose conforme con la vida y pensando en el joven Yoel y en su princesa María. Francisquillo rescato de sus recuerdos la imagen de su esposa. La recordó sentada en la mecedora sosteniendo en los brazos a la, entonces, pequeña María. Rememoró sus ojos, mirándola con ternura; el sonido de los besos al besarla, rompiendo como pompas de agua; el susurro de su voz al cantarle melódicas nanas y aquel cuento que decía:

Un día,
vendría un príncipe,
vendrá a por nuestra princesa María...

Dos encontronazos atropellaron a María en un solo día. Por un lado, y en primer lugar, la señorita desconocida que, sin saber por qué, dejo temblorosa a María. Y, por otro lado y de segundas, el varón desconocido que la remató con la mirada, al querer auxiliarla con un adorable acento inglés. María se quedó *prendá* de todo el conjunto que diferenciaba a Yoel de los demás. Además, pronunciaba todas las eses sin comerse ninguna al hablar. Ese acento chocante y refinado lo hacía aún más interesante, si cabía, para María.

María pareció derretirse de cuantos sentidos cayeron rendidos a sus pies. Recorrieron su cuerpo, burbujas que destellaban felicidad. Estallaron estrellitas en su vientre, como cohetes de fiesta. Atravesó su alma una felicidad que contrarrestaba el vacío de un amor que ella misma, sin explicarse el por qué, había dejado morir, dándolo por perdido.

Y colorín colorado, por hoy hemos terminado.

***

TEXTO DUODÉCIMO.

*A*sí terminó mi abuela el cuento de esta vez. Sin duda alguna, mi abuela había puesto muchos más detalles que cuando los contaba él, aunque los dos le ponían, al declamar, el mismo y efusivo interés. Mi abuela lo embelleció de tal manera que hasta pensé en buscarle un novio a una de mis muñecas. Dicho y hecho. Elegí a Canelo como pretendiente para la muñeca del vestido naranja y rayas amarronadas. Era la más grande de todas y la que creí, para Canelo, la más apropiada. Hacían buena pareja. Peiné a Matilda, le puse de velo una servilleta blanca y una diadema que simulaba la corona de una princesa. Le di con bálsamo labial y hasta le puse crema en la cara, manos y pies. A Canelo le pasé un paño húmedo por las orejas, le puse un lazo anudado al cuello a modo de corbata y le expliqué con todo detalle los detalles de la inminente ceremonia. También lo rocié con colonia. A partir de ahora, sería el esposo de Matilda. Yo misma ejercería de maestra de ceremonias. Las instrucciones que le di eran fáciles, él solo tendría que asentir a todo lo que yo le dijera que sí.

Canelo se prestó a todos mis deseos como un bendito y se dejó hacer, acatando mis órdenes. Les di casamiento a Matilda y a él, convirtiéndolos en marido y mujer. Abracé a mi muñeca ya casada y se la acerqué para que la besara. Canelo lamió uno de los mofletes de su reluciente cara y me di por satisfecha; pues perro y muñeca se gustaban. Mi abuela, que estaba siempre a la que salta, llamó a mi abuelo de un berrido:

—¡Vente *pacá, marío*!, que los novios están casaos y habrá que celebrarlo como está *mandao*.

A las catorce horas de la tarde, mi abuela tenía la mesa puesta a todo postín. Colocó un par de mariposas encendidas en agua y aceite, y un ramito en el centro de la mesa con amapolas y hojas de helecho. Mi abuelo se lavó las manos como de costumbre, y en este día tan especial, se quitó el sombrero y se peinó para la fiesta. Senté a Matilda, la muñeca, a mi derecha; Canelo, a su lado junto a mi abuelo, y mi abuela a mi mano izquierda. Fue una velada preciosa, comimos como reyes en el castillo de los sueños de una niña, que no era otra sino yo jugando a ser feliz con Canelo, mis muñecas y mis abuelos.

La siesta en la casa de mis abuelos era *sagrá*. Después del bodorrio hubo que descansar, y tanta emoción me dejó hecha un flan. Me quedé dormida como un tronco sin apenas pestañear. Cerca de las seis de la tarde, un beso me despertó de la siesta que dulcemente me había apresado. Bostecé estirando mis brazos y agarre a mi abuela echándola contra mí. Se quedó unos minutos observándome sobre la cama, como si quisiera decirme algo con la mirada. Yo la mire, regalándole una sonrisa adormilada, y me arrastró hacia ella apretujándome entre sus brazos.

Tardé un rato en despejar el dulzor del sueño que me envolvía aquella tarde. Matilda seguía durmiendo en la esquina de la cama. Mi abuela tiró de mí y de ella, echándonos fuera del catre.

—Se acabó la siesta por hoy, remolonas —dijo.

Noté en mi abuela algo diferente y no supe, en aquel momento, qué pensar. Era como que quisiera decirme algo que no quería contar, o algo así.

Merendé con Matilda y el silencio de mi abuela, que despejaba de utensilios el fregadero dejándolo todo ordenado y bien colocado. Cuando terminamos, ella de recoger la fregaza y yo de merendar, extendió su mano y me dijo:

—Ven, que tengo que enseñarte algo.

Limpié mis bigotes con una servilleta y agarré a Matilda para que, fuera lo que fuera lo que mi abuela quería enseñarme, ella, Matilda, también lo viera.

Mi abuela nos condujo hasta su alcoba, puso su dedo índice entre sus labios y nos chisto silencio abriendo sus ojos al máximo. La puerta del ropero estaba entre abierta y, con mucha maña, tiró de ella hacia afuera hasta dejarla completamente abierta. Cuál fue mi sorpresa que apreté a Matilda contra mi pecho y abrí mis ojos sin poder creer lo que estaban viendo.

Pelusa había parido cinco gaticos preciosos en la caja de cartón de las botas de mi abuelo. Los guardaba con celo al calor de ella y los lamía de arriba a abajo a todos.

—Este es el secreto que guardaba esta linda gata, Rosita —me dijo mi abuela. Yo no pude ni tan siquiera contestarle, me quedé embobada viendo como aquella mamá gata repartía el amor de su cuerpo a sus gaticos. Mire a Matilda, entonces, y reventó en mi cabeza una duda que me aturdió, Ni Canelo era un muñeco, ni Matilda perra para perro, Llegué a la conclusión de que en ninguno de los dos se daría la faceta de ser padres siendo matrimonio. Contemplando a la gata y sus cinco crías en el interior del ropero de mi abuela, decidí divorciar a Canelo y Matilda para que fueran padres si ellos quisieran serlo. Y dicho y hecho. Mis abuelos fueron testigos. Reuní ante ellos a mi querida muñeca y a Canelo y, tras una charla, los dispensé del enlace para que volvieran a ser libres sin estar atados a ningún compromiso. Conmemorado el acto, mis abuelos se miraron y quedaron conformes con lo dicho, Matilda no replicó y Canelo pareció dejar, como siempre, su decisión a mi criterio.

Todos conformes, mi abuelo añadió:

—El cuento de hoy tiene su pellizco de alegría.

—¿Nos vamos de boda otra vez?—preguntó la sabelotodo de mi abuela, sentándose junto a nosotros.

Seguidamente, mi abuelo comenzó diciendo.

Cuando veas pasar el tren de tus sueños,
no dejes perder tus ilusiones
quedándote, como un pasmarote, anclado en el andén

MARÍA Y UN BESO BAJO LA LLUVIA

*E*l joven Yoel visitaba la alquería con asiduidad. Desde que llegó a la vieja casa y alrededores, la luz se hizo en aquel hogar desapareciendo la penumbra en las miradas de padre e hija. El tío Francisquillo le había cogido mucho cariño al mozo Yoel y, con María, se había forjado una bonita amistad. El joven era apuesto y estaba dotado de buenos brazos para el trabajo. Por otro lado, tenía totalmente camelada a la arisca María; pues era igual de guapo que de correcto, y a María eso la hacía derretirse, aunque ella lo disimulaba perfectamente.

Yoel era hijo de un gallego y su madre era inglesa. De ahí ese acento tan peculiar que Yoel tenía y a María tanto atraía. Los abuelos maternos de Yoel habían sido negociadores internacionales referentes a la minería que albergaba en Río Tinto en aquellas épocas. Y como un gallego vino a parar a la provincia de Huelva para enamorarse de una inglesa, son cosas del destino.

Yoel tenía dos hermanos más, Abel y Adele. Los dos vivían en Inglaterra. Abel en Bristol y Adele en Birmingham. Sus padres cabalgaban entre Oxford y Verín, en la provincia norteña de Galicia. Tenían una granja de vacas de raza rubia donde sus abuelos paternos vivieron toda una vida dedicados a ellas.

A Yoel le gustaba ser granjero y era un enamorado de la cuenca del Segura y de los corderos segureños. Iba buscando comprar o arrendar tierras por Murcia y Jaén, para dejar de ser un trotamundos y sentar cabeza para construir una familia, llegado el momento.

Su sueño lejos de las grandes ciudades estaba a pie de un río y al sur de España. Yoel quería ser pastor y apacentar, tener dos perros pachones y vivir en las sierras, lejos del mundanal ruido. Y, si Dios quisiera, una mujer para quererla y que le diera hijos.

La vieja alquería de María y su padre se había convertido en una bonica casa rural desde que Yoel la frecuentaba. Lo que antes era una economía de subsistencia, ahora se había convertido en una notable mejora. Con el permiso de María y su padre, Yoel plantó algunos árboles: un par de docenas de olivos; dos medias de almendros en variedades diversas *pa tos* tiempos, temprana y tardía, moyares, comuna, marcona, mayo y otras. Y una cuarta de granaos; un par de higueras y en la entrada del camino una hilera de palmeras datileras. Condujo una hila de agua del río a la alberca de las tierras, construyendo una pequeña noria, e hizo un aljibe para recoger el agua de la lluvia que arrastraban los ramales, aprovechando las pendientes. Y les arrendó las tierras a las espaldas de la alquería para criar pasto y ovejas. En la parte baja de los arenales, cerca de los caudales del río, plantó álamos, chopos y adelfas para resguardar, a la sombra, el *ganao*.

El huerto lo trabajaba María, y verduras y hortalizas no le faltaban. Fabricaba artesanalmente compotas, que después vendía por unas buenas perras cuando repartía los productos de la ermitaña Silvina. Y la puerta de su casa estaba siempre llena de un vergel botánico. Flores de todos los colores, en *toas* las estaciones del año, y lianas de hiedra colgantes, adornaban la vieja alquería como nunca. La alegría empezaba a retoñar permanente ante los ojos de Francisquillo y su princesa Mariquilla.

***

Mi abuelo hizo un alto y se quedó callado. Miró a mi abuela con el gesto de un jovenzuelo enamorado y le cedió la batuta. Continuó mi abuela hablando tras unos segundos de silencio en sus rostros.

***

*U*n día amaneció lloviendo. Era primavera y los campos agradecían el agua que caía del cielo encapotado, regando la hierba y embarrando la tierra. Los nubarrones se tornaban rabiosos, oscureciendo el horizonte de negro. María paró de zurcir los calcetines de su padre por un momento, los dejo sobre el costurero, y se asomó por la ventana, apartando el visillo hacia un lado con sus delicados y castigados dedos. Vio a Yoel a lo lejos, debajo de la lluvia, y lo observó por un instante mientras recogía el ganado que andaba desperdigado por los cerros. Sorpresiva e involuntariamente, María se sintió atraída por un momento, fijando su mirada en él. Sin pensárselo dos veces, se cubrió la cabeza con un pañuelo y salió para ayudarlo. Cuando recogieron la última oveja descarriada, los dos iban con las ropas chorreando y hasta los tobillos embadurnaos de broza y barro.

Se resguardaron en la *porchá* junto al *recobeco* de la escalera. Llovía a mansalva cuando, de repente, sus miradas se cruzaron buscando el calor de sus cuerpos, y sus labios se unieron en un beso deseado por ambos. Yoel puso sus manos en las caderas de María y ella dejó sus brazos caer sobre ellas, apresándolo por las muñecas. Aquel beso fue el principio de todo lo que después hubo de llegar, la felicidad florecía en las pupilas de María como un mar infinito de nenúfares azulinos a la luz del sol.

Texto decimotercero.

*M*i abuela se quedó mirándome al terminar de contar la historia y yo me quedé sumida en sus pupilas, imaginando las de María. Vi el mar en los ojos de mi abuela y me sumergí en ellos, hasta el punto de acariciar con la mirada el aroma de los nenúfares. El sol calentaba mi cara acariciándola por el mentón, y probablemente, esa luz que iluminaba la sonrisa de mi abuela era la misma luz que buscaban los nenúfares para abrirse al mundo en forma de felicidad para María.

Mi abuelo no articuló palabra mientras mi abuela fabulaba los sucesos que a mí me entretenían adictamente. Había veces que mi abuelo asentía con la cabeza mirando a mi abuela de reojo; otras torcía la mirada, arrugando el morro. Y yo, entre besos que iban y venían y otras cosas, atendía a uno y otro para no perderme detalle.

Me senté en las rodillas de mi abuela y acaricié su cara con la mía. Mi abuelo se unió a nosotras, y nos abrazó dándonos un beso a cada una.

***

YOEL EN LOS OJOS DE MARÍA

*E*n menos de un abrir y cerrar de ojos, llegó el día de la pedida de mano del señorito Mariano a la remilgadísima Teresita. Y era sabido por todo quisque que se festejaría en el pudiente cortijo de los Valientes con la voluntad de asegurar el jolgorio. Cantaores y guitarristas alegrarían el día y la noche, con el baile y las palmas de las gitanas para que fuera *sonao* el bodorrio y el poderío en *toiticas* partes.

Los días previos se vivieron con mucha revolución y nerviosismo. El pueblo lucía una ferviente algarabía. En solo tres meses habría boda y ya se empezaba a contar *pa* tras hasta llegar el gran día. Las gentes murmuraban y olisqueaban sobre cómo vestirían los señores y señoritos. La curiosidad se apoderaba de ellos como al que le pica la sarna y se rasca con desatino. Las gentes despellejaban con las lenguas *toisco* lo que se les figuraba decir, que no era poco, pues puestos a inventar la imaginación daba *pa to* y *pa* más. Que si el convite costaba tanto y cuanto…, unos; que si la novia vestiría vestido de flamenca, otros; que si un *femmes costume* de seda de cristal francés. Se decía que los casaría el párroco don Andrés y que el padre de la novia pagaría a la iglesia *mu* bien. Por el contrario, otros decían que el matrimonio sería bendecido por un cardenal en la catedral mayor. Y hasta que el santísimo papa vendría desde Roma con su séquito de rigor. Y, por decir, decían, como si no costara decir, de *tó*.

A María poco le iban o le venían los chismes de nadie, aunque la Dolores que era una *bocachancla toitico* se lo repetía. Que si el señorito ha *pensao* que, que si la señora Carmela dice que, que si la Candelaria viene *pa*, que si la señoritinga Teresa se las da de *estirá*, en fin, que no paraba su boca de cascar. Y María tragar por las orejas sin poderlo remediar. Los comentarios sobre cualquier cosa con referencia al señorito Mariano y a su futura esposa, a María le resbalaban por completo. Había pasado página, y aunque *to* era agua pasada, a María se le anudaba sin querer el estómago, produciéndole desagradables retortijones. Y se ponía nerviosa cuando las gentes hacían referencia a las nupcias del Mariano y su *rebonica* prometida.

María no quería pensar en el señorito Mariano porque hacerlo le daba dolor de cabeza y náuseas. Hacía mohines de asco, pero sin querer pensar en él, pensaba. Ella lo escupía de sus pensamientos, pero él volvía a entrar una y otra vez, como una mosca fastidiando la hora de la siesta.

Para María, Mariano era una pesadilla en mitad de una noche oscura y *enreá* de tinieblas. Nada que ver con la sombra del joven Yoel. Todo era distinto después del beso bajo la lluvia; empezando porque el alma de María se sentía serena y se confiaba protegida ante él, desde entonces. Yoel era hombre de campo y hombre para ella, se decía María apartando al señorito Mariano de su cabeza.

Yoel había convertido las desérticas y áridas tierras de Francisco, el Moreno en terrazas planas, quitando pedruscos y aplanando cárcavas. El sementero reverdecía. La vida se vistió de brotes verdes alrededor de la vieja alquería, dejando una casita de cuento de hadas para María y su padre, en medio de la nada. Y, lo más importante, el corazón de María dejó de ser una ruda roca. Por fin una estrella empezaba a brillar en el interior de la princesa, como la llamaba Francisquillo, su padre. El corazón de María se había reblandecido. María, por primera vez se había dado permiso para amar, y Yoel era el afortunado arquero que hubo atravesado el amor de María, enamorándola y haciendo de ella una mujer feliz y con ganas de vivir. El alma de María volvía a experimentar aquel mariposeo de felicidad, como cuando por primera vez siendo niña, descubrió las cosquillas de la dicha en su vientre.

***

Texto decimocuarto.

*L*a historia de María se hacía cada vez más interesante. Cuando mis abuelos, tanto el uno como el otro, ponían fin a los capítulos, yo me quedaba con el regusto de querer saber más, y desear conocer cuál sería el destino final de la niña María, que como yo, jugaba con muñecas a ser mayor, y se había convertido en mujer después de ser adolescente, y es ahí, donde la contingencia de mis dudas absorbía mi entonces pequeño cerebro, queriendo entender a los mayores en sus líos de amor y enredo de emociones. Ni por asomo lograba hacerlo. Comprender a los adultos era aún más difícil que abrir un libro complicado de aburridísimas matemáticas con la, entonces, maestra Fidencia. Ni pensar quiero, ahora, en ella. Recordar su cara de pito, su mal genio, esos momentos donde sus preguntas enrojecían mis diminutos mofletes porque nunca encontraba acierto para agradarla. Realmente, acordarme de ella me espeluzna, me chirría. Porque me amargaba la hiel. Lo mío era la lectura, y el senda mi libro favorito, pero, a eso, doña Fidencia no le echaba cuentas. En aquel entonces, mi timidez era notable e hiperbólica, no siéndome favorable. Yo le temía como a la vara verde cuando preguntaba las tablas salteadas y, si no acertabas, sacaba la regla larguirucha del tercer cajón de su mesa presidiaria, todos los cajones bajo llave, y te arreaba un reglazo en la palma de la mano que te la dejaba picando durante un buen rato. Así veía yo los amoríos en boca de mis abuelos, cuando narraban las historias de la difícil vida de María. Bastante complicada era la misma vida ya, como para confabularse con uno mismo prohibiéndose amar sin sentido. El drama era fruto del desamor y la disconformidad, y para mí era más fácil entender que cuando dos personas se quieren así debería ser, sin como niña que era entender, que la vida está llena de travas y de hiel.

Una mañana, me resguardé del sol acostándome debajo de la frondosa higuera. Canelo me acompañaba como siempre y, mientras yo chupaba el jugo mascando raíz de regaliz, mi amigo perruno se lamía, con ahínco, las comisuras de los dedos de sus patas. El sol apretaba con fuerza, estaba cayendo un *chicharrete* de aúpa. Entre los claros de las generosas hojas de la higuera se filtraban finos rayos de sol y mi inocencia de niña jugaba a atraparlos con los dedos. Para mi sorpresa, mi abuelo se echó al suelo, puso su cabeza sobre un saco de rafia, haciéndolo un *liote*, se estiró todo lo largo que era y cruzó sus piernas una sobre la otra. Entonces me imitó e intentó capturar un reflejo de luz que le llegaba directo a sus, ya fatigados, ojos verdes. Parecíamos sardina y boquerón, a falta de la lata, y me eché a reír a carcajadas. Aun veo en el espacio de mis pensamientos, cuando pienso en él, como me miraba mi abuelo en aquel momento, y cómo acompañaba sus carcajadas a las mías riéndonos hasta perder el aliento.

—Rosita —dijo mi abuelo costándole contener la risa—. Vamos a ponernos serios.

Aún tumbado en el terregal del suelo, mi abuela se acercó a nosotros y no supo cómo encajar lo que estaba viendo. A su marido por los suelos y a su nieta tres cuartos de lo mismo. Cubiertos de polvo hasta las cejas. Canelo la saludó barriendo el suelo con la cola y regalándole un ladrido. No le quedó otra que acompañarnos, pues sin saber de qué nos reíamos, comenzó a reírse ella también con aquella risa contagiosa que la atrapó como a nosotros.

Habiéndonos serenado mis abuelos y yo, nos quedamos debajo de la higuera los tres, y así principió mi abuela a relatar con la venia de mi abuelo, que le dio la vara de mando y, con ella, el relevo.

MARÍA Y LOS SÍES

Al romper las claras del día, las campanas de la iglesia replicaron ardorosas, anunciando alegría con el sonido que desprendían en lo alto del campanario. Llegando las ondas del repiqueteo a los oídos del pueblo, que abrazaba con sus callejuelas, plazas y paseos, el majestuoso monasterio de la Concepción. Tañían las campanas para dar fe de que habría boda. El castillo, asentado en lo alto de la loma, se fue despertando conforme lo iba iluminando la luz del sol. Las calles empedradas olían a rico rocío mañanero, y los verderones se oían cantar, anunciando el nacimiento de un nuevo amanecer entre los árboles, que también comenzaban a desperezarse de su sueño nocturno. La cuesta de las Pedrizas empezó a transitarse con los transeúntes habituales hasta entradas las doce de la mañana. A partir de mediodía en adelante, señores refinados y señoras cogidas de sus brazos, desfilaban, exhibiéndose, ante las miradas expectantes del pueblo Almeriense. Los hombres vestían de riguroso tono oscuro; calzaban zapatos nuevos o botas de poca altura. Casi todos llevaban sombrero y una flor en la solapa, a defecto de un pañuelo.

Algunos de ellos fumaban puros habaneros como carreteros. Otros presumían, con descaro, de sus condecoraciones al andar y sacando pecho, para hacer visibles sus altos cargos. Y el resto fardaba con postureo su posición social dejándose ver.

Las damas, más de lo mismo. Mucho aparentar y poca naturalidad. Enjoyadas hasta las brencas y sobrecargadas sus figuras, se lucían con altanería, mostrando sus riquezas unas a otras. Vestidos caros, pieles dejadas caer sobre sus hombros y plumas reales sobrecargando sus carísimos cuellos. Parecían urracas exhibiendo los plumajes. A ver quién de todas era la más *rechuzá*, a ver quién era la más avestruz de todas, la más moderna, la más poderosa, o la más *enterá*.

A las doce en punto, la iglesia estaba de gentío *pa* reventar. No cabía ni un alfiler entre el hervidero de gente que platicaba entre el bramido, esperando la llegada de la novia. En el altar, junto a la pila bautismal y sobre el primer escalón, esperaba el novio, tembloroso, a la que pronto sería su mujer para siempre. Se apañó la chaqueta cuando la vio entrar, acompañada de su padre, por las enormes puertas abiertas de par en par, tragó saliva y se aflojó el pañuelo que adornaba el cuello de su camisa. Nervioso, metió sus manos en los bolsillos de sus pantalones, echándose el chaqué hacia atrás, y esperó a tenerla cerca. Parecía la digna hija de una reina que iba a ser coronada. Sus piernas esbeltas andaban sobre unos tacones de media cuña, su vestido de satén vaporoso semejaba ser de espuma al caminar, y el velo que escondía su rostro, estaba sujeto a una corona de plata con piedras engarzadas en colores agua y esmeralda, que no dejaban de brillar. A tan solo unos palmos de donde estaba él, se detuvo, alzaron sus manos hasta encontrarse unas con otras y se miraron de frente ante el impoluto silencio de los asistentes. Fue entonces cuando se dio cuenta de que no era ella. La mujer que tenía ante él no era María. Ni por asomo supo hasta ese momento cuánto la quería, y maldijo su destino tragándose en silencio su desdicha. El coro rompió la tensión del momento con el sonido de las cuerdas de las guitarras y los laudes. Se cantó la Salve y el Avemaría, un padre nuestro emotivo y un par más, para disfrute de aquel cristiano festejo. Ante los presentes, tanto el joven Mariano como la señorita Teresa se dijeron que sí. Fueron vitoreados con repetidos ¡vivas! y aplausos. Besaron sus labios y se prometieron amor tras anillarse los dedos.

En la parroquia del pueblo de María, a la misma hora y ese mismo día, don Andrés, el párroco, a ellos también los bendecía. Chambas de la vida. Entraron juntos de la mano, él con camisa blanca y pantalón a rayas, nada más. Sin sombrero ni parafernalia. Ella, como el ángel que era, entró a la par de él, irradiando con el brillo de una estrella al pasar. Su sayo era de color crudo, un blanco roto de tergal, abotonado desde el cuello hasta bien entrada la cintura. Se ceñía a su contorno adornado con fuelles bordados a la cintura. Y en su cabeza, una corona de flores silvestres cogidas por la Dolores ese mismo día. En su muñeca, enroscado, el rosario de Flora, su madre. Y en sus pensamientos de camino al altar, toda una sucesión de emociones palpables a simple vista, que no podía evitar mostrar. Sobre sus hombros descansaba el mantón que había confeccionado la señora Anita, y que le había regalado doña Carmela. Había pertenecido a su abuela y se lo confió a María como si hubiera sido a una de sus hijas, pues la señora Carmela quería a María una *jartá*.

Don Andrés ofició la misa. La mirada de Yoel era limpia y transparente. El muchacho no podía contener la alegría que albergaba su cuerpo reflejada en su rostro. En cambio, los ojos de María se mostraban empañados y ausentes; pero, al mirarlo, desprendían lágrimas de amor que daban muestra de lo mucho que lo quería.

El padre de María permaneció sentado en uno de los primeros bancos de la parroquia. Junto a él, la Dolores, que lloró lo que una niña chica ante los síes de los novios. Francisquillo echó la vista al frente y habló con Dios diciéndole que estaba preparado para irse cuando a él le apeteciera. Eso sí, fuera donde fuese que lo llevara cuando estirara la pata, que fuera junto a su siempre amada Flora. Su princesa María ya no lo necesitaba, y él sentía que ya había vivido bastante. Además, sentía el deseo y la necesidad de retirarse, estaba verdaderamente cansado de vivir. Dicho esto al altísimo, de dientes para adentro y quedando entre ellos, observó a su princesa y recordó el día en que ella nació. Echó memoria atrás recordando el profundo amor que se procesaron la Flora y él desde que apenas eran unos críos. Y sintió la satisfacción de una vida cargada de miseria y penurias viendo a María sonreír sobre los labios del apuesto y bonachón Yoel. Ella y su príncipe tenían toda la vida por delante, pensó Francisquillo, al ver a María y Yoel abrazarse.

***

TEXTO DECIMOQUINTO.

—Y por hoy, chin pun que hemos terminao, bacalao —dijo mi abuela cortando en seco la sugestiva explicación de su interesantísima narración.

Me quedé con la boca abierta y cuajada de rabia al ver que mi abuela daba por finalizada la historia. La culpa, enteramente de ellas.

Por la vereda de los olivos venían Lourdes, la Charlatana', Juanita la Sembrá y Polonia, la mujer del Pinchao. Lo llamaban así porque cojeaba de un lado y andaba de soslayo, el pobre hombre. Juanita, la Sembrá, tenía la gracia *revolcá* por los cuatro costados, y cuando hablaba había que reír a sus contenciosas barbaridades por obligado.

Al llegar a la *porchá*, mi abuela, a estas, las recibió a bien, dándoles la bienvenida y un abrazo a cada una. Lourdes no tuvo espera alguna, y antes de que nadie lo hiciera, miró a mi abuela muy apenada y con ojos de cordero degollado, rompió a llorar diciendo entre resuellos, que Toribia, la prima de su prima Antoñita, había pasado a mejor vida. Polonia añadió que últimamente andaba de espíritu algo empobrecida y Juanita, para dar vidilla al triste momento, dijo que no era para tanto la cosa. Total, tenía ya más años que Matusalén la vieja, y andaba más torpe que un *cascorro*.

Mi abuela me miró y me guiñó un ojo. Le costó trabajo contener la risa al comentario de la fresca de la Juanita, y guardo la compostura como ella siempre sabía hacerlo, para que Lourdes no se diera por ofendida y no hubiera gresca entre ellas. Pues Lourdes era teatrera y lianta al no va más, y la Sembrá no dejaba escapar ni una. Si podía la liaba, aunque fuera nada más que para reírse del o la infeliz que se le pusiera por delante.

De repente se me abalanzaron como avispas rabiosas y comenzaron a darme besos y pellizcarme los mofletes. Me daban *pasás* con sus manos por todo el cuerpo, y me repetían una vez tras otra lo grande y lo mucho con el parecido a mi abuela.

¡Qué espanto de mujeres aquellas! Enteramente, parecían *cucalas* picoteándome la cabeza.

En cuanto pude me escabullí de entre ellas. Mi abuelo llevaba un largo rato en silencio, esperando a ver cómo se las ingeniaba para, como yo, escapar de allí. Mi abuela que era, como ella misma decía, más pilla que la zorra, me mandó a ca la vecina, con mi abuelo, para darle razón de que viniera para reunirse con todas ellas.

Dimos la razón y volvimos, mermando así mi enojo por haberse visto interrumpido el cuento de María por la inesperada visita de las *cucalas*. Por el camino, fui cogiendo, a orillas de la cuneta, campanillas rosadas, tulipanes rojos y tallos de manzanilla silvestre con los que hice un precioso ramillete de flores para mi abuela. Cuando llegamos, se habían sumado al corro de las *cucalas* la Pia y la Chumba, que, para no variar la tarde de cronológicas, vinieron a decir que la garduña estaba merodeando y comiéndose todo lo que se encontraba a su paso por los alrededores de la vecindad. Al Benito, dicho por él mismo, le había *matao* la noche *pasá* cuatro pollos y tres gallinas *colorás*; más la pava *zaravia* que se estaba criando para navidad. Y a Maruja, la del Tomás, seis y seis de doce de raza morucha y otras doce del cuello *pelao* que tenía. Todas ellas empezando a poner huevos ya. Y a Paquita, la Flamenca, no le había dejado la *bicheja* ni una viva en el coral.

Llegaron entonces en un seat 1500 el Pinchao y Tomás el de la Maruja, con Paquito el Patatas y el Lucas. Venían en busca de cartuchos para sus escopetas. Mi abuelo, en aquel entonces, los hacía de manera artesanal y tenían buena fama entre los cazadores de los alrededores, pues todos los que hacía *espachaba*, haciendo de la venta de unos, otros.

Los cuatro se fueron cargados de munición hasta las pestañas y escupiendo pestes de la pordiosera come ratas. Deduje sin dudarlo que hablaban de la garduña, y recé todo lo que sabía para protegerla de la mira de las escopetas que portaban. Claro que, por otra parte, esta se tenía buscado el fatal desenlace que estaba por llegarle, puesto que por donde pasaba iba dejando un reguero de muerte. Le oí decir a la Chumba que la garduña había agarrado a las desventuradas gallinas por el pescuezo, que las degolló a todas por igual y les chupó la sangre, dejándolas *tirás* por los suelos del desangelado corral.

Estos hombres la buscaban con saña, y si la mala fortuna la encontraba le llenarían la barriga de plomo y perdigones sin pensarlo dos veces. La exhibirían después de muerta como trofeo, cortándole la cola para ponerla como adorno en el sombrero del Lucas o del Tomas; o quién sabe si se la endiñarían al Patatas o al Pinchao para que se la comieran los perros, Perrete y Giñao, que no le hacían ascos a *na*. Más le valía perderse y acabar, así, con los homicidios en los corrales, por la cuenta que le traía.

Habiéndose *marchao* los mercenarios en el 1500, sonó el reloj de cuco anunciando las doce del mediodía. Las *cucalas* salieron a escape, como búfalos en estampida.

—¡Madre, que tarde es! —decían—. ¡Y sin haber *preparao naica pa* comer! —Se echaban las manos a la cabeza mientras el bramido se perdía por la vereda. Cada una se fue para su casa dándose con los talones en el culo para llegar pronto. Y así fue como volvió a reinar la paz de nuevo en la casa de mis abuelos, después de irse el corro de viejas y los cazadores farrucos.

A las dos de la tarde ya teníamos la mesa repuesta. Sobre ella una ensalada de calostros con mermelada, huevos revueltos con calabaza y un cuenco de gachas migas para cada uno de nosotros.

De postre, albaricoques y un exquisito hojaldre con claras y azúcar tostada, que mi abuela preparaba con esas manos suyas que todo lo sabían hacer. Y, además requetebién, pues todo lo que caía ante ella se transformaba en manjar, si era para comer o, en reliquias, si era cosa de coser, tejer o moldear.

Nos quedamos atestados y en la sobremesa se volvió a hablar de la garduña. Mi abuelo se había asegurado de poner alguna trampa que otra por si venía la bicha en busca de juerga. Poco probable era que viniera a plena luz del día. Decía mi abuela que le gustaba atrapar a las gallinas en la oscuridad de la noche, cuando, durmiendo, las asustaba desprevenidas.

Y de la mesa a la siesta hasta que dieron las cuatro.

Poca hambre tenía la barriga esa tarde, más sed que otra cosa, pues las gachas pedían agua después del sueño echado hasta la media tarde. Me senté junto a mi abuelo, que estaba haciendo por vivir. Me cortó un cacho de jamón y una *rebaná* de pan, me comí la molla a *bocaos* y le di la corteza a Canelo. Y, mientras le daba tragos a la leche fresca, se me quedaba en el bigote la nata, que relamía, la mar de rica, con la lengua. Mi abuelo me miraba y se reía, al tiempo que le arreaba chospes al vino.

A la fresca de la *porchá*, nos quedamos los cuatro con las barrigas bien aviadas. Mi abuela comenzó a hacer gancho, mi abuelo agarró los artes y se entretuvo terminando un cachirulo de esparto para los caracoles y, Canelo se quedó sentado a mi lado refregando su cabeza en mi costado. Las miradas de mis abuelos se adjuntaron y dijeron que iban a terminar con lo que habían empezado.

UN DESTINO PARA MARÍA

Cuando el señorito Mariano dejó su soltería casándose con Teresita, todo cambió dando un vuelco de campana.

Los recién desposados se fueron a vivir a un caserío en la finca que Teresita había recibido por parte de su padre como regalo de bodas. Estaba en Pechina, justo a los pies de sierra Alhamilla, junto al río Andarax. Sus aguas son nacientes en el cerro de Almirez, en la zona oriental de sierra Nevada, con desembocadura en el cálido mar Mediterráneo. El río dividía a Pechina con Benahadux, situada al oeste de Rioja, donde el señor Mariano arrendaba tierras. Era muy avispado y donde ponía el ojo ponía en producción el acierto asegurado de un fructífero negocio. Extendió sus negocios a los pueblos vecinos, sumando, al sur, Viator y Huercal de Almería.

El ya señor Mariano se dedicó a cultivar tierras y a la crianza de caballos percherones. Se hizo de renombre, llegando a ser sus crías muy demandadas, y de las más cotizadas, por la elegancia de sus hechuras y la brutal fuerza para tiro y carga. Los años fueron pasando y en su cabeza se fueron poblando las canas. Se dejó crecer la barba y apenas rondaba, a menos que no fuera para negociar los tratos que estrictamente lo aferraban a su trabajo. El trabajo era su escarceo.

La señora Teresa fue una buena esposa, le regaló dos hijos sensatos y fuertes, Fabio y Román. El primero de ellos, hecho a la imagen y semejanza de su padre; y, el segundo, Román, era la viva estampa de su madre. Crecieron rápido, tanto que, cuando vinieron a darse cuenta, los críos habían pasado a ser mozuelos, haciéndolos a ellos más viejos.

María y Yoel se quedaron a vivir en la vieja alquería. La transformación de esas empobrecidas tierras se hicieron notar satisfactoriamente, convirtiéndose en un pequeño paraíso. Adquirieron la forma de una diminuta dehesa en medio de los secarrales que la rodeaban.

Los años también pasaron por estos lares, dejando en sus rostros las marcas del tiempo que había transcurrido en ellos. María dio a luz quince meses después de casarse. Alumbró a una niña preciosa que nació una mañana de sol brillante y despejada, al séptimo día de primavera. Al parirla María, sintió en sus entrañas la pureza de la vida y al sentir respirar a la criatura, los ojos de María se inundaron de una claridad infinita, llegando a sentirse morir de felicidad. Pensó en su madre y en cuanto debió quererla, pues con su bebe en brazos pudo sentir de lleno cuanto amor podía llevar dentro una madre. La llamó Clara, por haber nacido a plena luz del día, cuando las flores ya estaban abiertas a los destellos de un sol maravilloso. Esa mañana olía a flores silvestres movidas por una suave brisa que las mecía con delicadeza. El primer llanto de Clara trajo consigo la alegría rejuveneciendo a la vieja alquería. Fue creciendo poco a poco, sus primeras risas, sus primeras palabras, sus primeros pasicos hasta convertirse en una bellísima jovencica. Clara era propia a su madre, menos los ojos, que eran calcados a Yoel, y la sonrisa, que más que de María también era más parecida a la de él. Pero, las facciones y los labios carnosos eran idénticos a los de su madre, años atrás.

El padre de María, Francisquillo, murió cinco años después del nacimiento de su nieta Clara. Se llevó con él la dicha de ver a su hija felizmente casada con un hombre bueno. Conoció a su nieta, que fue para él el resurgir de la oscuridad. Y murió henchido de felicidad, en la casa donde la vida se lo dio todo, o al menos todo lo que creyó que era necesario para él; el amor verdadero de una mujer a la que amó sin condiciones, el amor infinito de una hija que le trajo bendiciones, y el amor entrañable de una nieta que culminó de gratitud sus últimos años de ancianidad. Cerró los ojos para siempre cogido de las manos de Clara y María, y se fue con una sonrisa en su rostro ante los ojos de Yoel, al que quiso como a un verdadero hijo.

El señor Mariano viajaba mucho, siempre por trabajo. Desde que se casó en adelante, todo el mundo decía que se había vuelto seco e intolerante. Se le fue arrugando el humor y la picardía que de mozo derrochaba a los cuatro vientos. Y, cuando venía al cortijo de los Valientes, la Dolores decía que de la figura del señorito Mariano, no quedaba ni pío, ahora andaba sieso y malhumorado, y aunque no lo hacía a mal hacer, también se había vuelto gruñón y autoritario. Se había convertido, en un hombre agrio.

Pocas veces se cruzaron María y el señor Mariano. Alguna que otra vez en el pueblo con un «buenos días nos dé Dios», o en el camino al encontrarse, saludándose sin apenas mirarse con un «con Dios», cuando este venía, de tanto en cuanto, al cortijo de los Valientes. Sin proponérselo entre ellos, ambos decidieron vivir con grandes márgenes de por medio, hasta darse, el uno con el otro, por casi desconocidos. María apartó a Mariano de sus pensamientos por respeto a Yoel y a ella misma.

Mariano nunca pudo dejar de pensar en María, pero sí la borró para siempre de su vida. Era hombre de palabra y le debía un respeto a su esposa. Con lo cual, siempre calló el profundo amor que lo enloquecía cuando pensaba en María, el auténtico amor de su vida.

Una madrugada de otoño, don Mariano emprendió viaje al sureste de la provincia de Murcia por negocios. En el pueblo fronterizo de Puerto Lumbreras, en la comarca del Alto Guadalentín, los *marchanteos* abrían y cerraban tratos de considerable importancia. Igual negociaba el pequeño marchante, que comerciaba un patrón de gran consideración. Las ramblas de Vilerda y Nogalte acogían un trasiego de muchedumbre de padre y muy señor mío. Para Mariano era uno de los lugares enigmáticos, donde más y mejor le resultaban las adquisiciones y ventas de sus bestias. Era un lugar repleto de encanto, la libertad podía respirarse ante la cumbre del Cabezo de La Jara, detrás de Peñas Blancas. El castillo de origen medieval islámico y sus cuevas lo enloquecían por completo, por sentirse atraído de la cultura que emanaba del lugar. Y sus gentes, chocantes y característicamente lugareñas, despertaban en él la energía de una buena vibración. Parecía haberse detenido el tiempo entre los siglos XII y XIII. El cerro de Los Andreos, las cuestas de Mellao, el cerro de Los Coloraos, las Peñas de Béjar, la Peña Rubia, la Sierra de Enmedio… Aquel lugar lo absorbía, lo atrapaba en su inmensa belleza, como cuando leía en su adolescencia libros de historia. No imaginó, hasta conocerlos, que estaban ahí, existían, lo estaban esperando. Aquel lugar, llamado Puerto Lumbreras, tenía para él un encanto especial que sanaba su alma. El Levante se unía con Andalucía creando un bellísimo contraste.

La misma mañana en que el Señor Mariano emprendió viaje, María y Clara se levantaron temprano, para subir al Reguerón arriba en busca de las setas que brotaban generosas junto a las cañaejas. Clara ponía especial esmero cuando su madre le explicaba con ahínco, cuáles podrían ser aptas para consumirlas, y las que no lo eran. María hacía hincapié y advertía a su hija de lo peligrosas que podrían ser las venenosas y, se esforzaba mucho, para que Clara adquiriera los conocimientos necesarios para diferenciarlas. Llenaron, cada una de ellas, una chivata. Las suaves temperaturas y la humedad de la tierra las multiplicaba generosamente. Eran abundantes, y madre e hija, aprovechaban para recogerlas y echarlas en conserva antes de que los primeros fríos del invierno las *enmusteciera*. Hábiles recolectoras, cogían con sumo cuidado todos los níscalos y tentullos que encontraban; eran los más demandados. Los gurumelos, tenían un bocado delicioso, pero costaba mucho encontrarlos. Por el contrario, las josefitas abundaban a montones, no por ello estaban menos sabrosas. Silvina le desveló a María muchos secretillos de sus recetas, que ella supo elaborar acertadamente.

De vuelta a casa, aun siendo temprano, María sintió un fuerte escalofrío, el cielo se emparejó de merlas negras y molestos sonidos chirriantes, que iban de un extremo a otro persiguiendo los pasos de María. Clara le preguntó asustada a su madre:

—¿Que son todos estos pajarracos negros, mamá?

—Merlas, hija mía —contestó María.

—¿Y a dónde van tantos escandalizando de esa manera y tan temprano, madre? —volvió a preguntar Clara, sorprendida por un escalofrío.

—Creo que andan perdidas —dijo María por decir algo en aquel momento.

Las aves acompañaron a María todo el trayecto hasta llegar a la alquería. Cuando, por fin, entraron en casa, lo primero que hizo María fue ir en busca de Yoel. Lo encontró mondando las acequias en los ribazos; donde los almendros se agarraban con sus raíces al suelo para alimentarse, y miraban con sus brazos abiertos al cielo para tonificar la bendición de sus frutos. Al verlo entre el olivar suspiró. Todo parecía estar bien. Tanto pájaro enluteciendo la luz de la mañana no le daba buena espina, y la humedad se le había calado en el cuerpo de tal manera, que tiritaba de frío con la piel empalidecida. La frente, por el contrario, le ardía. Se refugió en la casa y encendió la candela. Clarita entró unas ramas medianas y caldeó el horno. Juntas prepararon el potaje de mediodía y unas tortas de manteca que tenían encargadas para Isabelica, la Tendera. Después, se pusieron a limpiar las setas que habían recogido esa misma mañana, para *entarrarlas* en compota y cocerlas al baño maría. Para todo hubo tiempo, pero María tenía entre ceja y ceja que algo, y no bueno, pasaba.

Miró varias veces por la ventana y la nube de pájaros negros no se dispersaba. Revoloteaban sobre el tejado y cercanías de la casa.

Y así fue. Tal como María intuyó. Lo que no imaginó jamás que pasaría, pasó. La Dolores acudió bien entrada la tarde. Ya hacía rato que estaba oscuro. Las siete o, a lo mejor, casi las ocho serían, cuando llegó, como alma en pena, llorando, y con más susto en el cuerpo que en el de una criatura abandonada en las noches aciagas del invierno.

—¿Dónde vas a estas horas y tú sola Dolores? Y dime, ¿qué pena me traes, criatura, que no encuentras consuelo? —preguntó María mientras la calmaba de la congoja que llevaba encima.

La Dolores tardó en reaccionar. Se tomó un par de tilas, sin dejar de llorar, y cuando creyó encontrarse con fuerzas dijo:

—Agárrate a la silla, María, que es *mu* fuerte lo que tienes que oír tal día de hoy.

—Tranquila, Dolores, echa por esa boca y desahógate, que falta te hace, criatura —le dijo María, exasperada.

La Dolores tragó saliva y comenzó diciendo:

—Apenas hace un rato, ha *llegao* al cortijo la tragedia de manos de un mensajero que la doña Teresa ha *mandao* con urgencia desde Pechina. Pobretica —añadió, santiguándose.

—¿Y qué ha *pasao*? —preguntó María con el alma en vilo.

La Dolores se lo explicó todo a pies puntillas. El señorito Mariano salió de viaje y al parecer con prisa y sueño viejo que arrastraba de atrás. Su coche se despeñó ladera abajo al cruzar por el Barranco del Tesoro, donde, de inmediato, perdió la vida.

—¡Malditos autos que corren más que el demonio! —clamó, lamentándose, la Dolores.

María se levantó de la silla y se asomó por la ventana. Miro al infinito. Las merlas comenzaron a desaparecer; dibujando a lo lejos un adiós inesperado. La línea del horizonte se disipó en la mirada exánime de María. Miró a la Dolores entre lágrimas de asedio de sus ojos. Y las dos permanecieron calladas. No había nada que decir. Todo estaba dicho. Mientras la Dolores miraba, muda, a María; el ánimo de María se disipaba en la nada sin remedio alguno.

El corazón de María se detuvo en seco. Pidió a Dios por el alma del finado, muriendo parte de ella con él, y como siempre, en el más absoluto silencio.

TEXTO DECIMOSEXTO

*I*ntercaladamente, y de manera ordenada, ambos estructuraron la historia que me dejo boquiabierta. ¡Menudo pastel! Había *palmao* la Toribia, la garduña había convertido la noche de antes en una aterrante masacre, y, ahora, el señorito Mariano también se sumaba a las mortandades del día. Crucé los dedos de ambas manos para espantar las malas ondas, y dije, resoplando fuertemente: ¡Lagarto!, ¡lagarto! ¡Lagarto!, ¡lagartooo!

Al caer la tarde noche, todo estaba aviado. Mis abuelos se acicalaron un poco. También yo tomé una ducha y me perfumé con una esencia de lavanda que mi abuela me había comprado. Mi abuela preparó unas verduras al horno: calabacines, berenjenas y boniatos sazonados con hierbas provenzales, que empezaban a aromatizar ricamente el olfato en nuestras napias. La cocina estaba a pleno rendimiento. Mi abuelo acomodó unas brasas en un bidón de hierro que él mismo diseñó y elaboró, para cuando se hicieran presentes estos momentos. Espolvoreó con sal y pimienta unas costillas de cordero y dispuso unos churrascos de ternera en la parrilla para cuando llegaran los invitados. Vinieron la Pía y la Chumba, que parecían siamesas y andaban siempre haciéndose chascarrillos entre ellas. Donde iba una, iba la otra. Tomas y la Maruja también se dejaron caer. Y, con ellos, venía el Pinchao con la Polonia. También vino el Benito, el de la tía Blasa, con la guitarra a cuestas para echar unas coplillas en la sobremesa. Y, así sea de paso, calmar los ánimos que la garduña había alterado en las noches anteriores. El Benito era mozo viejo, y el único hijo de la cascarrabias de la Blasa. Le gustaba mucho venir, de tarde en tarde *pa* platicar una miaja con mis abuelos. Eso decía: ¡*Pa* matar el tiempo! También picó en la puerta el Lucas, que traía una milhoja de merengue lorquino y una *morterá* de ajo que había hecho él mismo. Con unos ajetes que se había aprovisionado del huerto de mis abuelos. A mi abuelo le gustaba fardar, no lo podía remediar. Decía que los suyos eran los mejores de ver, y los más buenos de probar. Regalaba de *to*, y *pa tós*. Y, así, con *tó* lo que daba la tierra en aquella bendita huerta. Que nunca estaba vacía y siempre estaba repleta de variedad.

Habiendo terminado de comer, se tocó la guitarra. El Pinchao se marcó unos cantes, que lo hacía muy bien, por cierto. Trovaba fenomenal, improvisaba versos como si tal cosa, y arrancaba los aplausos del público poniendo los vellos de punta nada más empezar a cantar. Decía mi abuelo que tenía la mollera *cuajá* de buena memoria. Y mi abuela, que arte para festejar y una voz privilegiada. Llegó a ganar algún que otro premio en el cante de las ferias. Cantaba en Pascua y en fiestas. Y a la Virgen de la Purísima, le tenía mucha devoción y mucha fe puesta. Entre cante y cante, se jugaron unas cuantas briscas. La Polonia se emparejó con la Maruja, el Pinchao con el Tomás y, mi abuelo con mi abuela, se enzarzaron a tres bandas. Arrastraron y encartaron. Sobre la mesa, la baraja se movía pasando los ases, sotas, caballos y reyes de unas manos a otras. Y se miraban entre ellos hablando con los ojos, para mearse los triunfos, unos a otros. Sobre la mesa, se jugaba la partida al precio de cinco pesetas. Así era más interesante y había entre ellos más guerra. El Benito no jugó porque no se le daba bien y, aunque decía que no le gustaba jugar porque lo suyo era tocar, mi abuelo me confesó que era porque no sabía contar los tantos ni separar los palos de la baraja. El Lucas sí que sabia jugar, el *jodío*, pero había hecho la promesa de no jugar en un año. Se le había muerto un hijo de los menores, con treinta y pocos años y se había prohibido tocar la baraja con las manos. Mi abuelo me contó una vez que estas cosas se hacían para guardar luto a los difuntos. El Lucas, por ejemplo, había dejado de jugar a la baraja por el periodo de un año; otros se daban por prohibido ir a convites o desenchufaban sus televisores de la corriente, para guardar silencio en sus casas por respeto al muerto. Yo no entendía de tales sacrificios, pero si ellos lo hacían, sus razones con ellos mismos tendrían y, como decía mi abuelo, cada cual sabe por dónde lleva encauzado su caudal, y *na* más. Los demás no somos quien para opinar en casa ajena.

La jarana se alargó hasta la madrugada y, entradas las dos y pico, se fueron, entre bostezos, cada mochuelo a su olivo. Unos con el cuerpo caliente, otros contentos por haberles *arreao* tela sobre el tapete. Las partidas solían ser a seis porras y con revancha. Siempre reñidas, siendo unas veces unos los que ganaban, y otras, siendo otros los vencedores. Lo cual había triunfadores y escardados, según se presentara la suerte en ellos, dependiendo de las dotes de artificio.

A la mañana siguiente se me pegaron las sábanas. Cuando desperté, salí a la calle en pijama, y rascándome la cabeza. Me desperecé sintiendo el agradable calor del sol en mi rostro. Vi que mis abuelos estaban cubriendo con un záfiro la higuera, para proteger las brevas de los primeros gorriones que habían salido por San Juan. Comenzaban a merodear por los alrededores, picoteando todo lo que encontraban de buen agrado a su paso.

Pelusa se había tendido a sol y sombra y se estaba lavando el hocico; mientras que, sus tres gaticos, Pepo, Pecas y Pipo, y sus dos gaticas, Pipa y Pepi, miolaban, *enjugascaos* entre ellos, escondiéndose entre los arbustos de romero y escarbando la tierra de las margaritas de las macetas.

Una vez habían terminado de cubrir bien todas las ramas, dijo mi abuelo:

—Avíate pronto, Rosita, que nos vamos a ca la prima Pepa dando un paseo *pa* fortalecer las piernas.

Mi abuela se apresuró. Se cambió los alpargates y se quitó el mandil, sacudiéndose los haldares. Mi abuelo solo se cambió el sombrero de faena por el de paseo. Y yo, en un plis-plas, estaba lista para salir con ellos. No nos demoramos en salir ni una chispica, pues oí como le decía mi abuelo a mi abuela:

—No te entretengas, mujer, que la gata se está lavando la cara y eso es que *abarruntamos* tener visita.

Entonces, mi abuela, que era más lista que las arañas *colorás*, le dijo a bajico:

—Aligera, *marío*, que si no se lava también las orejas, viene el visitante sin sombrero puesto. De seguro que acierto y se nos planta de un momento a otro la *atorniscá* de la Herminia. ¿Qué te apuestas?

Huyendo de la Herminia, aceleramos el paso. Tomamos el camino *pa* la casa del primo y la prima Pepa, dando mi abuelo comienzo a la narración de lo que sería el último cuento de María. Menguamos la marcha, habiendo *doblao* la vereda, y mi abuelo fue contando:

✳✳✳

MARÍA ENTIERRA EL PASADO PARA SIEMPRE

Semanas después del funeral del señor Mariano, se le ofició una misa en la parroquia del pueblo de María. Se encargó de todo, y muy bien por cierto, la señora Carmela. La acompañaron, en todo momento, sus tres hijas, que igual de feas que de costumbre, hacían de su capa un sayo, exagerando sus penas, para ser avaras protagonistas de la tragedia que les había azotado el destino llevándose, de golpe y porrazo, (nunca mejor dicho), a su querido primo.

Había tal cantidad de gente en el interior de la iglesia, que muchos tuvieron que escuchar el sermón desde afuera. El pueblo entero se congregó, acudiendo también muchas personas de las pedanías vecinas, y de los pueblos de los alrededores. María y Yoel asistieron juntos para dar las condolencias a los familiares. La pena en el rostro de la viuda era tan evidente, que apenas prestaba atención a las frases de ánimo que recibía por parte de los asistentes. Los hijos, uno a cada lado de su madre, la sostenían para que no desvaneciera, y los padres y hermano del difunto, sentados al lado de otros tantos familiares, aún no terminaban de asimilar la fatal tragedia.

Clara acompañó a sus padres en todo momento, sin despegarse de ellos ni un solo instante. Desdé que entró en la iglesia, clavó su mirada en los ojos de Fabio, el primogénito de la viuda, que visiblemente entristecido y apenado por la pérdida, tampoco él podía dejar de mirarla. Clara se sentía incómodamente observada por el joven que, de manera comedida, atendía a las necesidades de su madre en aquellos momentos difíciles. Y al mismo tiempo la consolaba con una dulzura y delicadeza dignas.

Pese a las circunstancias presentes, sin ser el lugar más apropiado; Fabio había entrado inesperadamente en su corazón, y Clara, en el de él.

El párroco, don Andrés, ya entrado en canas por su visible vejez, habló largo y tendido. Conocía muy bien a don Mariano y a toda su familia. Recordó todas las facetas de él, desdé niño hasta el fin de sus días. Y dijo lo que todos ya sabemos, que Dios lo había acogido en el reino de su gloria y que su memoria permanecería siempre viva entre sus seres queridos.

La familia tenía pensado permanecer en el cortijo de los Valientes unos veinte días. El tiempo preciso para el papeleo y esas cosas.

Fabio y Clara se encontraron en la plaza del pueblo pasados unos días. La casualidad los hizo tropezarse de frente. Él caminó hacia ella y ella permaneció totalmente quieta sin poder quitarle los ojos de encima. Cuándo él y ella se miraron, no dijeron nada. A Clara se le pusieron los mofletes más *coloraos* que el tomate frito y, a él, se le notó un ligero tartamudeo que hizo brotar unas risas nerviosas cuerpo a cuerpo. El amor estalló alcanzándoles de lleno y sin tener donde resguardarse. Se quedaron prisioneros de sus miradas, se dejaron llevar por la emoción sin importarles otras miradas allí presentes. Supieron, de inmediato, el significado del verbo amar, sin haber amado antes. Supieron que serían el uno para el otro, sin importarles cómo, cuándo, ni dónde.

***

Cuando el amor aparece, nos hacemos grandes
quedándose el mundo pequeño ante nosotros,
y no nos importa el porqué.

Empequeñecemos al amar,
ante un mundo, que se nos queda grande
y no nos importa en absoluto.

Cuando el amor da fe de que existe.
Se puede con todo, se resiste.
Se saca fuerza de donde creemos que no la hay.

Cuando hallamos el amor y amamos,
descubrimos cuánto amor somos capaces de dar
y cual cantidad se puede recibir.

Cuando el amor existe,
sobra todo lo demás.

La centenaria Silvina murió habiendo cumplido más de cien años. Se la encontró María una mañana de tantas que iba a echarse a ver al cortijo. Estaba tendida en el suelo, agarrada a su *bestruga*, cerca del baúl donde guardaba algunos recuerdos. Espiró con un pañuelo de hombre en las manos y su rostro quedó sereno y complaciente. María dio aviso y pronto acudieron los alguaciles y el médico forense a levantar el cadáver. María, entonces, pidió permiso al cura y suplicó que no se la llevaran de allí. Silvina no amó nada ni a nadie fuera de aquellas tierras. Todo cuanto fue se quedó con ella en aquel lugar. Por eso propuso enterrarla junto a su esposo, Venancio.

—De no ser así se cometería un sacrilegio en su memoria —dijo María, tajante.

En un primer momento, pusieron el grito en el cielo y la tacharon de loca, pero María les suplicó, por caridad y respeto al prójimo, diciendo que, en muchas ocasiones, pudo observar como la anciana miraba un retrato que había colgado de la pared. Eran Silvina y Venancio en su juventud, cogidos de la mano. Silvina fijaba la vista en él y brotaba en su mirada la añoranza cubierta de amor verdadero. Dejaba, entonces, caer palabras al aire. Y, el retrato parecía cobrar vida en sus ojos llenos de anhelo. Después de escuchar a María, todos dieron su brazo a torcer, entendiendo que la anciana debía quedarse para siempre en el lugar donde enraizó su alma.

María desatoró la maleza de la esquina de la cortijada con la ayuda de Yoel y un par de hombres más. Costó encontrarlos, pues nadie, se atrevía a cavar la fosa para la Momia, como casi todo mortal la conocía. Por aquello del más allá y esas tonterías. Que por cierto, ¡a las supuestas tonterías mucho respeto! A Silvina se le dio justa sepultura y María no se negó a decirle misa a los ocho días, por petición del párroco. Tras oficiar la eucaristía, y habiendo tenido muy en cuenta la memoria de Silvina, se pasaron algunas semanas. Fue cuando María recibió una notificación certificada urgente, para que se personara cuanto antes en la casa consistorial del pueblo. Las señas le ordenaban dirigirse a la dependencia del juez de paz y preguntar por el despacho de don Aurelio Crisol Montes. La María se extrañó muchísimo, y sin echar cuentas a *na* de *na*, se personó tan a prisa como pudo. La acompañó su esposo Yoel, e hizo acto de presencia el, ya jubilado, don Andrés. Se requería para ejecutar el papeleo la firma y presencia de un testigo no familiar. María estaba inquieta y *atacá* de los nervios, Yoel trataba de serenarla y don Andrés le dijo que no temiera a nada. Una larga espera los tuvo prisioneros y en la incertidumbre. De pronto, se abrió la puerta de color verde sagra, y un robusto hombre con una papada exagerada los invito a pasar y sentarse frente a él.

A María le sudaban las palmas de las manos y la tripa le dolía de lo exasperada que estaba. Don Aurelio comenzó explicándolo todo de cabeza a rabo, sin dejar detalles sueltos que llevaran a dudas o malas *entendiduras*. María se quedó anonadada después de escuchar al juez y saber la razón por la que se la requería. La vieja Silvina había dejado su nombre en el testamento, y don Andrés lo sabía. Pese a estar enrabietada con la iglesia, la anciana se puso en contacto con el párroco. Este fue su cómplice, para que sus últimas voluntades se manifestaran en favor de la persona que veló, sin pretensión ni interés, por su bienestar en sus últimos coletazos de vida. Todo cuanto había en su dominio pasó a la potestad de María. Todas las tierras, desde el cerro del Diablo hasta el cañaveral que subía río arriba. Incluida la derruida *cortijá*, los terrenos del cerro del grajo y los ahorros que tenía guardados bajo llave, en un bote viejo en la alacena de la diminuta cocina. También dejó en su poder todas las recetas: las de los jabones, ceras, quesos y etcétera. Todo cuanto poseía Silvina, ahora pasaba a ser posesión de María. Esta empezó a sudar y se quedó más blanca que el papel. Se levantó del ilustre sillón en el que estaba sentada, y, de pronto, los ojos se le fueron *pa trás* y se desplomó. Cayó al suelo, dando un zarpazo que asustó a todos los presentes. Un poco de agua en la frente reanudó sus sentidos de nuevo. María estaba perdida, no entendía por qué a ella. No lograba comprender la generosidad de Silvina cediéndole sus bienes a ella, precisamente a ella. ¿Por qué?

María pensó muy bien lo que hacía y creyó, sin dudarlo, que era la decisión más acertada de toda su vida. Los bienes de Silvina pasarían a ser propiedad del pueblo. Con una condición: nadie, incluida cualquier institución podría apropiarse de nada para beneficio alguno. Las tierras de la centenaria Silvina pasarían a ser protegidas, a modo de un bien cultural y estudio para la conservación del mismo, por la belleza del entorno, su flora y fauna, y las mágicas vistas que detallaban la vida en las sierras.

María solo tuvo a bien quedarse a cargo de las abejas y seguir trabajando y estudiando las colmenas, para continuar elaborando la deliciosa miel de las abejas y que estas no sufrieran cambios que pudieran dañarlas. Silvina le había transmitido a María el interés por la apicultura y todos sus beneficios. Le enseñó muchas cosas sobre ellas, y le inculcó el amor por aquellas pequeñas criaturas. Sin duda había que protegerlas. Sin las abejas, la vida de muchas especies no se concebiría.

Clarita estudió biología, creando así un vínculo con aquellas tierras y el contenido de las mismas. Fabio estudió ingeniería agrónoma, y obtuvo su licenciatura en la especialidad de fitotecnia. Ambos muchachos eran amantes de la naturaleza y, a su vez, exigentes en sus convicciones sobre la importancia de esta. Los dos velaban por un mundo mejor, haciendo de sus trabajos sus estilos de vida. Fabio y Clara congeniaban a las mil maravillas. Habían nacido para encontrarse. Sus destinos estaban diseñados para amarse.

Mi abuela añadió poniendo la coletilla final.

—Y a partir de aquí, terminan los cuentos de María y empiezan otros nuevos.

María había encontrado el algoritmo en los pasos del camino de su destino. Un camino lleno de tropiezos. Había hallado la paz y la estabilidad, y de buenas a primeras, se removieron todos los sentimientos guardados. Había vuelto a enterrar en su corazón, por segunda vez, a su primer y gran amor. Esta vez el dolor fue mayor e inesperado, pero la vida no te pregunta qué es lo que quieres o qué es lo que más o mejor te conviene. Simplemente te sorprende inesperadamente, y no te queda de otra que aguantarte, y hacer de tripas corazón para no ahogarte en tu propia angustia. ¡Hay que hacerse fuerte y ser valiente!

La vida que nos abraza, a veces es cruel en la herejía inescrutable que tejen las redes en las contingencias del destino al que estamos sometidos. Y, en otras ocasiones, te invita a que disfrutes de pequeñas o grandes dosis de felicidad para poder soportar los momentos superfluos que dificultan y alteran el equilibrio que nos mantiene en pie. Ahora Clara y Fabio empezaban a vivir nuevas emociones y sensaciones qué estaban por sucederse. La vida tenía muchas sorpresas reservadas para ellos, y ellos tenían toda una vida por delante para vivirlas.

***

Texto décimo séptimo

*U*na vez terminó mi abuela de decir su perorata, no entendí nada de nada. Las palabrejas de tomo enciclopédico que utilizó me resultaron complicadas, y según ella para entenderlas, o comprender su desglose, me quedaba un largo trecho por crecer.

Por otra parte, poco antes de que mi abuela hablará en algo así como un idioma extraño, me fijé en mi abuelo. Cuando dio por finalizada la historia de María, me miró a la cara fijamente. Con el ceño arqueado y evidentemente decepcionada, le di fe de que el final de ese cuento que me había ido relatando era un fiasco de historia.

—¡Qué desastre! —le reproché. Si María y el señorito Mariano eran los protagonistas y además el amor entre ellos era recíproco, ¿por qué no terminaban, como príncipe y princesa, comiendo perdices y siendo felices? Así es como terminan todos los cuentos de amores, ¿sí o no?

Mi abuelo se echó a reír y me dijo que, cuando los cuentos son creados por la fantasía de nuestras mentes, puedes soñar dentro de ellos creando todo cuanto se desea. En cambio, cuando despiertas en una historia real, los sueños duermen intangiblemente, muy a pesar de los anhelos de nuestra imaginación.

Apartó, con cuidado, el flequillo que caía por debajo de mis cejas y lo echó hacia los lados. Pellizcó mi barbilla suavemente y me dio un golpecito, hacia abajo, en la nariz. Entonces dijo algo más. Algo que relacioné con las anteriores palabras de mi abuela. Algo que me dejó perdida en la incomprensión y que, más tarde, transcurridos los años, entendí perfectamente.

Las agujas del tiempo laten sin demora. El tiempo se desdibuja ante nosotros mientras nosotros no nos damos cuenta. Pertenecemos al reloj que suma y resta en un fuego que solo nos deja cenizas en formas de recuerdos. Y, cuando sopla el viento en nuestra memoria, nos los arrebata; llevándose hasta el rescoldo de lo que somos.

María y el señorito Mariano no estuvieron predestinados a compartir sus vidas. En cambio, el destino los condenó a quererse durante toda la vida y más allá de ella. Ambos tuvieron que aprender, por separado, a amar a otras personas para engendrar las vidas de Fabio y Clara, los cuales a diferencia de sus padres, María y Mariano, sí se atrevieron a luchar contra viento y marea por el amor que sentían el uno por el otro. No supieron amar de otra manera.

No huyas de tu destino,
él te va a encontrar.
Lo que ha de ser para ti,
ningún otro se lo va a llevar.
Ya sea para bien o para mal.

Mi abuelo se llamaba Fabio, de apodo el Valiente. ¡El tío del sombrero, el Fabio el de la Clara. Sus ancestros, los Valerosos. De ahí el abolengo de los Valientes. Y mi abuela, Clara, la Morenucha del linaje de los Tiznaos. Yo, Rosita, la segunda de siete nietos que tuvieron. ¿Valiente? Un rato. *Na* me daba miedo. Y negrilla de piel, también. En los veranos cogía un color exagerado y mi abuela me decía:

—Esta nieta mía iba *pa* negra, si nos *escuidamos* pasa por ser de otro lao, ¡de esas del África que salen en el telediario!

Y razón llevaba, pues muchos me decían: «¡Esta nena parece que tiene facha de gitanilla! ¿A dónde la habéis *comprao*?».

Si tuviera que volver a nacer, pediría volver a tenerlos como abuelos, pediría de nuevo que me abrazaran como lo hicieron, pediría poder sentir sus besos en mis mofletes, poder oír mi nombre en sus voces, poder tocar sus rostros, poder estar eternamente junto a ellos. De ser posible volver, volvería a ser lo que fui, junto a los que fueron todo para mí.

FIN

FOTOGRAFÍA DE **ROSITA Y SU ABUELO**

MI ABUELO, AQUEL.

ERA MI ABUELO AQUEL,
UN HOMBRE MUY APUESTO,
CON LA BRASA ENCENDIDA
DE UN CELTAS CORTO
EN LOS LABIOS.

MIRABA DE REOJO,
BAJO EL ALA DE AQUEL SOMBRERO,
QUE APAÑABAN SUS TOSCOS DEDOS
AFANOSOS Y HARTOS DE TRABAJO.

AQUEL DE ANDARES CHULESCOS,
QUE ENCANDILABA A MI ABUELA
CUANDO DABA SUS PASEOS
CON AQUELLOS PANTALONES DE PANA AZULADA.

RUBIO COMO EL TRIGO AQUEL
LO RECUERDO EN MEDIO DEL CAMPO,
EL SOL ACARICIABA SU ROSTRO
MIENTRAS ME COGÍA DE LA MANO.

ERA MI ABUELO AQUEL
Y YO AQUELLA SU NIETA,
QUE AÑORA SU VOZ Y SU AQUEL
QUISIERA TENERLO CERCA.

SI VOLVIERA A SER NIÑA,
PEDIRÍA QUE FUERAS OTRA VEZ MI ABUELO
Y VOLVER A SER TU NIETA,

QUE SE PARARA EL TIEMPO, EN AQUELLOS
MOMENTOS FELICES,
DONDE TU ESTABAS EN LOS CUENTOS
Y YO EN LA TINTA DE TODAS SUS LETRAS.

AQUELLA HISTORIA, SÍ AQUELLA.
LA QUE DIBUJÓ MI SER
Y EMBRUJÓ MI TIEMPO A TU VERA.

QUISIERA VOLVER, VOLVER A VIVIR, VOLVER A
SENTIR.
QUISIERA VOLVER A ESCRIBIR LA HISTORIA,
QUE ACAPARÓ NUESTROS MOMENTOS
EN LA RIQUEZA DE AQUELLOS TIEMPOS.

VOLVER A SER, VOLVER A SENTIR, VOLVER A VIVIR.
APRENDÍ CONTIGO, ABUELO.
TE ECHO DE MENOS.

****

AQUELLA, MI ABUELA.

ERA MI ABUELA AQUELLA QUE DECÍA,
QUE A BONICO LE GUSTABAN LAS COSAS
QUE EN SU CORTIJO SE HACÍAN.

ERA LA JEFA ELLA,
YA LO DECÍA, SIN TITUBEOS, MI ABUELO:
¡A SUS ÓRDENES, MI CAPITANA!
Y LUEGO HACIA ÉL LO QUE LE DABA LA GANA.

TENÍA LUZ EN SU ROSTRO,
ALMA EN LA MIRADA DE SUS OJOS.
TENÍA LAS MANOS DE PLATA
Y UN CORAZÓN DE ORO PURO,
CUBIERTO DE ESTRELLAS BRONCEADAS.

A MI ABUELO LO EMBELESABA.
¡NO HABRASE VISTO COSA IGUAL!
CUANDO SE PERDÍA, MIRÁNDOLA A ELLA,
Y NO QUERÍA ENCONTRAR EL MODO DE
REGRESAR.

ERA LA MEJOR DE LAS ABUELAS,
LA MÁS LISTA DE TODAS ELLAS.
Y MÁS ABUELA QUE NINGUNA,
POR MUCHAS ABUELAS QUE HUBIERA.

TENGO PRESENTE, EL AROMA DE SU PIEL.

EL SABOR DE SUS GUISOS, LOS AÑORO
CONSTANTEMENTE.
EL TACTO DE SUS CARICIAS Y SUS BESOS DE MIEL
ME DIBUJAN EL AMOR DE AQUELLOS TIEMPOS
DE ANTAÑO.

¡AY, ABUELA!, SI PUDIERA VOLVER A VERTE,
SI PUDIERA VOLVER A BESARTE,
SI MIS MANOS PUDIERAN TOCARTE.

¡AY, ABUELA! SI PUDIERA VOLVER A SOÑARTE,
ILUSIONARÍA CON VOLVER A SER NIÑA
Y REGOCIJARME EN TUS BRAZOS MULLIDOS.
DORMIR EN LAS NANAS DE TU CANTE,
Y VOLVER A ENCONTRARTE.

ERA MI ABUELA, AQUELLA, SÍ.
LA DE LOS CAMPOS AUREADOS Y LOS CIELOS
PLATEADOS,
LA QUE SEMBRÓ AMORES Y RECOGIÓ MARES DE
AMOR.

SÍ, ERA MI ABUELA, AQUELLA,
LA QUE AMÓ SIN PEDIR QUE LA AMARAN
LA QUE DOMINÓ LOS MIEDOS CON MAÑAS,
LA QUE SUPO HACERNOS FELICES
CON LO POCO QUE NOS HACÍA FALTA.

ERA MI ABUELA, AQUELLA QUE DECÍA,
QUE LAS COSAS A BONICO
EN EL CORAZÓN SIEMPRE SE QUEDABAN,

PUES NO HAY UN LUGAR MEJOR,

PARA DIALASTAR Y SISTOLIZAR DE AMOR
LA VIDA QUE NOS DEPARA.

SI EL CORAZÓN ESTÁ LLENO DE AMOR,
EL CUERPO DESPRENDE AMOR.
NO HAY MONSERGAS QUE VALGAN.

DE AMOR LLENASTE MI CORAZÓN, ABUELA.
ESTOY ECHA DEL AMOR QUE ME DISTE.
APRENDÍ DE TÍ, ABUELA. TE ECHO DE MENOS.

***

GLOSARIO.

- AGITÁ: agitada.
- ANUDÁ: nudo.
- ANDE: donde.
- A NA: a nada.
- ACÁ: aquí.
- AN CA: a lo de / en lo de.
- A CA: a lo de.
- A LA CONTRA: en sentido contrario. Lado opuesto.
- AMOCHINA: amochinar. (Dar, pagar).
- APÁ: papa, (de manera afectiva).
- APIÑAS: amontonadas.
- APROPIAO: apropiado.
- ALPARGATAS: zapato de lona.
- ATRAGANTÁ: atragantada.
- ASUSTAO: asustado.
- ANSINA: así, que…
- APECHUSQUE: soponcio. / Patatús.
- ATASCAO: atascado. Terco.
- AUPA: exagerado, (utilizada en sentido figurado)
- ARREAO: arreado.
- ATORNISCÁ: trastornada.

- BERRÍO: berrido.
- BREGAERA: agetreo.
- BRENCAS: expresión para resaltar exageradamente'.
- BRISCAS: juego de la baraja española. («Arrastraron» y «encartaron» son expresiones utilizadas para seguir el juego).
- BOTÓN DE PERA: interruptor antiguo.
- BOCAOS: bocados.

- BORDÁ: bordada.
- BODORRÍO: boda por todo lo alto.
- BUFETAS: ampollas en los pies.
- BUFABA: subir.

- CALDERO: cubo, (utensilio)
- CALDEÓ: prender fuego.
- CASCAR: romper. También hablar mucho.
- CALZÁ: salto.
- CANSINA: follonera, impertinente
- CASAOS: casados.
- CARGAICA: muy cargada.
- CACHO: trozo / pedazo.
- CACHIRULO: cesta ahuevada de esparto para recoger caracoles.
- CANTAORES: cantantes.
- CACHICO: trocito.
- CASCORRO: que vale para poco.
- CETRA: cazo de cobre para sacar el agua de la tinaja.
- CIMBRAERA: cacharro de metal con cierre.
- CRIOS: niños.
- CON TO: con todo.
- CORTÁ: cortada, (del verbo cortar)
- COMPRAO: comprado, (del verbo comprar)
- COMVITE: celebración.
- CONTINO: seguido.
- COLOCÁS: colocadas.
- COQUETA: mueble, (cómoda con espejo).
- CONDENAO: condenado.
- COLOCÁ: colocada.
- COLORÁS: coloradas.
- COPERO: tomar camino
- COPETE: colmo. / Rapidez, precipitación.

- CUDIAO: cuidado.
- CHAPAR LA OREJA: echarse a dormir, (expresión coloquial).
- CHANA, CHANA: a su ritmo.
- CHISTÓ: sonido de serpiente, indicando silencio.
- CHITÓN: silencio. / Callar.
- CHISTAR: intención de decir algo.
- CHICHIPAN: en los huesos.
- CHISPICA: casi nada.
- CHICHARRETE: calor sofocante.
- CHISMORRETEOS: habladurías. / Cotilleos.
- CHIRRÍA. / CHIRRIANTES: que sienta o suena mal..
- CHIVATA: bolsa de rejilla transpirable.
- CHOSPES: tragos.
- CHUPAOS: chupados.

- DÁS: dadas.
- DAO: dado. (Del verbo dar)
- DE PADRE Y MUY SEÑOR MÍO:
  expresión para anunciar asombro.
- DESCOCÁ: descocada, (descarada).
- DESGREÑÁ: despeinada.
- DESCOLOCÁ: descolocada.
- DEMASIAO: demasiado.
- DESHABITÁS: deshabitadas.
- DESANSIÁ: con ansias de nada.
- DESCUAJERINGÁ: descolocada, fuera de sí.
- DESAHOGÁS: desahogadas.
- DESATINAOS: desatinados, desarreglados.
- DIANTRE: diablillo/a. (expresión coloquial).
- DISGUSTÁ: disgustada.
- DOLAMAS: dolores.
- DOBLAO: doblado.

- ENFISCAR: entrometer.
- ESPABILÁ: espabilada.
- ESTIRAR LA PATA: morirse.
- DESEMBUCHA: decir, (soltar lo que llevas dentro)
- ESTIRÁ: estirada, (creerse superior a todo)
- ESTIRAR LA PATA: morir.
- ECHÁ. / ECHAO: echada. / Echado.
- ENFILAR: trasponer, seguir avanzando.
- ENTERRAO: enterrado.
- ESPANTAJO: estrafalario.
- ERA: espacio de tierra limpia.
- ERE, ERE…: sonido para llamar o calmar.
- ERRE QUE ERRE: terquedad.
- EMBRUJÁ: embrujada.
- ENCLENQUE: muy delgado.
- ENTERÁ: enterada.
- ESTRASTORNÁS: trastornadas
- ENTROMETíAS: entrometidas.
- ECHAO: echado, (del verbo echar).
- ESPATARRAGAO:
  despatarrarse o espatarrarse. expresión coloquial.
- ESTUFÍO: estufido, (contestación o reproche mal sonante).
- EMPERIFOLLAMIENTOS: de emperifollar.
- ESJALIHAS. / ESJALICHAO: hecha un desastre. / Hecho
  un desastre.
- ESCUCHIMIZAO: pequeño / enratonado.
- ESCUIDARNOS: descuidamos
- ENRABIETÁ: enrabietada. (Rabieta).
- ENREÁ: enredada.
- ENJATAO: hecho un desastre.
- ESFARATAO: desbaratado.
- ESPELUZNA: horroriza.

- FARRUCOS: altaneros.
- FRESQUERA: lugar más fresco de la casa.

- GACHAS: comida compuesta de agua, harina y sal.
- GALLAO: bastón artesanal.
- GAJOS: almendra en el interior de la cáscara.
- GOITÓ: vomitó, (del verbo vomitar).
- GORLITA: lazada retorcida.

- HORNÁ: hornada.

- IÑISTE: iñir. Amasar.

- JARPÁS: agua que se coge con las manos para lavarse la cara.
- JARTÁ: mucho. / Bastante.
- JALAR: comer.
- JATRARON: hartarse. También jactarse.
- JETAZO: tortazo. / Guantazo.
- JIPABA: mirar de reojo, con astucia y atención.

- LAVÁ: lavada. (del verbo lavarse)
- LA MAR DE…: muchísimo.
- LAO: lado.
- LE: le he.
- LENGUE: morir de repente sin saber de qué.
- LIAO: liado, envuelto. También enredar.
- LIOTE: mal doblado.
- LLOVÍO: llovido.

- MANDIL: delantal.
- MANDAO: mandado.
- MARCHAO: marchado.
- M´ARREAO: me ha arreado.

- MAÑA. / MAÑICA: destreza y habilidad.
- MANQUE: aunque.
- MANSALVA: muchísima cantidad.
- MAZACOTE: trozo de piedra o madera .
  (Suele ser de hormigón).
- MARÍO: marido.
- MENESTER:
- MEJEDORA: mecedora.
- MEJÍA: mecía.
- MES CUCHAS: me escuchas.
- MESMO. / MESMA: : mismo/a.
- ME LAS: me lo has.
- MIAJA: poco más / poca cantidad.
- MIAJICA: poquito.
- MILHOJA: postre dulce de hojaldre y merengue.
- MOLÍA: cansada, echa polvo.
- MOZUELOS: hombres jóvenes.
- MORTERÁ: morterada.
- MUDAS: ropa interior.
- MU: muy.

- NAIDE: nadie.
- NAICA: nada.
- NACÍO: nacido.
- NA: nada.
- NA MAS: nada más.
- NI FU NI FA: indiferente.
- NI PÍO: expresión para decir que no queda
  absolutamente nada.
- NI NA DE NA. / NA DE NA: nada de nada. (Cero).
- DE CABEZA A RABO: de principio a fin.
- NI NA: ni nada.
- NI MU: no decir nada en absoluto.

- OSÚ: expresión espontánea.

- PA, QUE: para que.
- PACÁ: para acá.
- PA BAJO: para abajo.
- PA TRAS: para atrás.
- PASÁ. / PASÁS: pasada, / pasadas.
- PASAO: pasado.
- PALMAO: palmado, (muerto)
- PALOS: (de la baraja; son cuatro: Oros, Copas, Bastos y Espadas)
- PA RIBOTAS: muy arriba, en lo alto de
- PA´: para.
- PAL: para.
- PA LA: para la.
- PA MÁS: para más.
- PA NA: para nada.
- PA DAR: para dar.
- PA ESO: para eso.
- PA SÍ: para sí mismo.
- PA TO. / PA TOS: para todo./ Para todos.
- PATATÚS: soponcio. / Apechusque.
- PA LANTE: para adelante.
- PARNÉ: dinero.
- PASMAO. / PASMÁS:: pasmado.
- PASAO: pasado
- PAECE: parece.
- PLÁTICA. / PLATICADERA:: conversación.
- PEINÁS: peinadas, (del verbo peinarse)
- PELAO: pelado.
- PELAR LA PAVA: dar señales de coqueteo, (expresión coloquial)
- PELUFA: pelo muy fino que desprende la alfombra

- PERDIAS: perdidas.
- PERRICAS: referencia al dinero.
- PREOCUPÁ: preocupada.
- PRENDÁ: prendada. / Encantada.
- PICAÍCO: cortado en trocitos pequeños.
- PIÑO: diente.
- PICIO: muy feo.
- PINOTES: columnas.
- PITAS: expresión coloquial, para reunir a las gallinas.
- PICAO: picado.
- PICHO: expresión para espantar a un perro.
- PLIS: visto y no visto.
- PRONCIPIO: empezó. / Comenzó.
- POYETE: muro de poca altura.
- POS: pues.
- PORRAS: de la baraja española. Cada partida de cartas, una porra. Así hasta sumar las acordadas antes de comenzar el juego.

- QUEJÍOS: quejidos
- QUE PA QUE: que para que, (expresión)
- QUEA: queda.
- QUEDAO: quedado.
- QUERÍO: querido.
- QUEL: que él.
- QUEA: queda.
- QUINTAL: pag.115

- RAPI-CORTO: por encima de los tobillos.
- REBANÁ: rebanada.
- REFUNFUÑAO: enojado.
- REMANDA: corregir, dirigir.
- REPULLOS: muecas o expresiones de mal gusto.

- REMOLONAS: perezosas.
- RECHUZÁ: muy compuesta.
- REGUERÓN: acequia ancha.
- RIFIRAFES: riñas.
- ROAL: lugar.
- RONDABA: salir de fiesta o paseo.
- RUMRÚM: murmuraciones. / Cotilleos.

- SA: se ha.
- SALAO: salado.
- SAN VITO: estar nervioso.
- SABEORAS: sabedoras.
- SAGRÁ: sagrada.
- SEÑALÁ: señalada, (del verbo señalar)
- SENTIO: que despierta sentimiento y admiración.
- SENTENCIAO: sentenciado.
- SERA: bolso de esparto.
- SONAO: sonado, (del verbo sonar)

- TA: te ha.
- TRAJINABA: acarrear. De un lugar o cosa a otro/a.
- TRAZA: aspecto y maneras.
- TRANCAS: a tope, (expresión coloquial)
- TANTOS: suma de los puntos . (Cada carta de la baraja española equivale a tener unos valores; desde 0 a 12 puntos)
- TE: te he.
- TERCIABA: presentaba.
- TEMBLAERA: tembladera, (del verbo temblar).
- TIESECICO: escaso.
- TINO: del verbo atinar.
- TIRAO: tirado.
- TOISCOS: todos.
- TO QUISQUE: todo el mundo.

- TÓ: todo.
- TOS: todos.
- TOAS: todas.
- TOA: toda.
- TOMAO: tomado.
- TONTÁS: tonterías.
- TONTUESCOS: tontucios. Tontos.
- TOMA PAN Y MOJA: muy bueno.
- TORTAS: bofetadas.
- TOISCO. / TOITICO. / TOISCAS. / TOITICAS: todo. / Todas.
- TROPECIENTOS: expresión para manifestar mucha cantidad.
- TROPEL: lío. / Enredo de sucesos.
- TÚLIPA: adorno de cristal que adorna la bombilla de una lámpara.
- TRUJÍA. TRUJO: traía, trajo. (del verbo traer)

- UÑETÁS: uñetadas.

- VEN ACA PA CA: ven aquí. Acércate.
- VALLICO: tierra verde que nace en el valle.
- VOLAILLO: polvo muy fino procedente de la tierra.
- VOLÁ: volada, (rápida)

- ZAGALA: mujer joven.
- ZARZO: varas, cañas, mimbres o juncos, que forman una superficie plana.
- ZUMBIOS: zumbidos.
- ZUREARTE: cortejarte, (del verbo cortejar).

Este glosario está hecho bajo el criterio de la autora. No está sometido a ninguna investigación previa, ni nada que pueda verificar con exactitud sus definiciones.

Lo usa dando el significado a las palabras que utiliza, según lo ha ido creyendo conveniente en su historia. Tal como su memoria se lo manifiesta, ella lo plasma recordando matices de su niñez, en el pasado.

El reloj no se detiene,
sus agujas siguen avanzando.
Es inevitable tener presente,
aunque, en ocasiones difuso, el ayer lejano.
Nunca desaparecerán del todo, las huellas,
que hemos transitado.